Rethinking
Reconstructing
Reproducing

*

———

"精神译丛"
在汉语的国土
展望世界
致力于
当代精神生活的
反思、重建与再生产

———

*

La philosophie critique de Kant

Gilles Deleuze

精神译丛·徐晔 陈越 主编

[法] 吉尔·德勒兹 著　夏莹 牛子牛 译　吴子枫 校

康德的批判哲学

西北大学出版社

吉尔·德勒兹

谨以此译本献给敬爱的叶秀山先生

目 录

导　论：先验方法　/　1
　　依据康德的理性　/　3
　　职能一词的第一种含义　/　6
　　高级认识职能　/　8
　　高级欲求职能　/　10
　　职能一词的第二种含义　/　12
　　职能一词两种含义之间的关系　/　14

第一章　《纯粹理性批判》中诸职能的关系　/　17
　　"先天"与先验　/　19
　　哥白尼式的革命　/　22
　　综合与立法的知性　/　23
　　想象力的角色　/　28
　　理性的角色　/　29
　　诸职能之间关系的难题：共通感　/　32
　　合法运用与非法运用　/　35

第二章　《实践理性批判》中诸职能的关系　/　41
　　立法的理性　/　43
　　自由的难题　/　45
　　知性的角色　/　49

道德共通感与非法运用　/　52
　　实现的难题　/　56
　　实现的条件　/　59
　　实践的旨趣与思辨的旨趣　/　61

第三章　《判断力批判》中诸职能的关系　/　65
　　是否存在着情感的高级形式？　/　67
　　审美共通感　/　69
　　崇高中诸职能的关系　/　72
　　起源的观点　/　74
　　自然中的象征主义　/　77
　　艺术中的象征主义，或天才　/　79
　　判断力是一种职能吗？　/　82
　　从美学到目的论　/　85

结　论：理性的目的　/　93
　　关于诸职能的学说　/　95
　　关于目的的理论　/　97
　　历史或实现　/　102

附　录：康德四讲　/　105
　　第一讲：1978 年 3 月 14 日　综合与时间　/　107
　　第二讲：1978 年 3 月 21 日　/　138
　　第三讲：1978 年 3 月 28 日　/　164
　　第四讲：1978 年 4 月 4 日　/　195

译名对照表　/　213

译后记　/　231

导　论：先验方法

Introduction：La méthode transcendantale

依据康德的理性

康德将哲学定义为"关于一切知识与人类理性的根本目的的关系的科学"。或将其定义为"被理性的存在者所感受到的对于人类理性最高目的的爱"①。理性的最高目的形成了**文化体系**。在这些定义中,我们已经认出②了一场朝向两方的斗争:反对经验论的斗争和反对独断的唯理论的斗争。

对于经验论来说,理性确切说来不是诸目的的职能(faculté)③。

---

① 《纯粹理性批判》和《遗稿》。——原注[(以下除注明"译者注""校者注"之外的所有脚注都为原注,不再一一标明)本书中涉及康德相关著作的所有引文都采用了李秋零的翻译(参考版本为《康德著作全集》,李秋零主编,北京:中国人民大学出版社,2003—2010;《康德书信百封》,李秋零译,上海:上海人民出版社,2006),并参考邓晓芒、杨祖陶译本,根据情况对译文和术语有所修改,个别引文未能找到相应中译文的,则根据法文原文译出。——校者注]

② "认出"原文为"reconnaître"(名词形式为"recognition"),即"再次"(re)"认识"(connaître),在有的地方也译为"承认"。——校者注

③ "职能"(faculté),是康德所用"Vermögen"(能力)一词的法文翻译,一般译为"能力",也有"(做某事的)权限""科系"等含义。因德勒兹既在"能力"又在"各司其职"的"权限"的意义上来解释该词,故统一译为"职能"。——译者注

目的指向一种原初的情感性(affectivité première),一种可以将这些目的提出来的"自然"。理性的独创性毋宁在于实现人和动物共有的目的的特定方式。理性是使得非直接的、间接的手段发挥作用的职能;文化是策略性的、算计的和迂回的。原初的手段可能会反过来影响目的,并对其加以改造,但归根到底,目的总是自然的目的。

反对经验论,康德断言,存在着文化的目的,存在着理性特有的目的。更进一步说,只有理性的文化目的才可以被视为绝对的最后目的。"最后目的不是**自然**足以造就并且按照其理念得以实现的目的,因为最后目的是无条件的。"①

关于这一方面,康德提出了三种论证。**价值的论证**:如果理性仅仅是为了实现自然的目的,那么我们就无法看到这种理性有什么超越动物性的价值(一旦理性存有了,它可能就应该有某种有用性和自然的用途;但它只存在于与更高的有用性的关系中,由此获得其自身的价值)。**归谬的论证**:如果自然想要……(如果自然想要在一个具有理性的存在者中实现自己的目的,那么它依靠自身就有理性的东西就是错误的,它更好的做法是信赖本能,无论对于手段,还是对于目的而言,都是如此)。**冲突的论证**:如

---

①《判断力批判》,第84节。(本译文中"最后目的"和"终极目的"的原文分别是"fin dernière"和"but final",从德勒兹引用的某些段落看,与这两个词相对应的康德原文是同一个词"Endzweck"。但在康德著作的中译版中,与"最后目的"对应的德文词是"ein letzter Zweck"。为了尊重德勒兹在本文中的区分,我们仍分别将"fin dernière"和"but final"译为"最后目的"和"终极目的"。——校者注)

果理性不过就是手段的一种职能,我们将无法理解两种目的如何在人身上对立着,即作为动物存在的人与作为道德存在的人的对立(例如,从自然的角度来看,一旦我能够生儿育女,我就不再是孩子了;但从文化的角度来看,如果没有职业,什么都没学,我就仍然是一个孩子)。

唯理论,就其立场而言,可能承认理性的存在者追求着真正理性的目的。但在这里,这个被理性理解为目的的东西仍然是某种外在的和更高的事物:大写的存在、善或价值,作为意志的规则被把握。由此,唯理论与经验论之间的差别比人们所认为的要小。目的是一种决定意志的表象。当表象只是某种外在于意志的东西的表象时,它究竟是感性的还是理性的,都无关紧要。无论如何,它只有通过与其所表象的"客体"①相关联的满足才能决定意志。因为无论表象是感性的还是**理性的**,"构成意志的规定根据所凭借的愉快情感……却具有同一种类型,这不仅在于它任何时候都只能被经验性地认识,而且也在于它刺激起了表现在欲求职能中的同一种生命力。"②

与唯理论相对,康德强调,最高目的不仅是理性的目的,而且理性在设定目的时,无非是设定了理性自身。在理性的目的中,

---

①"客体"原文为"objet",它对应着康德本人所使用的两个词,即"Objekt"和"Gegenstand",汉译本一般分别译为"客体"和"对象"。但法译本中,这两个词都被译为"objet",在本书中,我们根据上下文将其译为"客体"或"对象",尤其在涉及康德的引文时,严格根据原文保留两种译法。——校者注

②《实践理性批判》,"分析论",定理二,注释1。

正是理性以其自身为目的。存在着理性的**旨趣**①,更进一步说,理性是它自身旨趣的唯一**评判者**。理性的目的和旨趣既不能由经验,也不能由那些外在于或高于理性的法庭来加以评判。康德预先否认了经验的裁决和神学的审判。"因为纯粹理性呈现给我们的一切概念,乃至一切问题,都不在经验中,而是本身又在理性中……因为理性只是在自己的母腹中产生出这些理念本身,因而它有义务对这些理念的有效性或者无效性做出说明。"②一种内在的批判,作为理性之裁判的理性,这就是被称之为先验方法的根本原则。这一方法向自己提出了需要规定的两点:第一,理性的诸旨趣或诸目的的真实性质;第二,实现这些旨趣的手段。

职能一词的第一种含义

所有的表象都是在与他者的关系中,即在主体与客体的关系中存在的。有多少种关系类型,我们就能够区分出多少种精神的**职能**(facultés de l'esprit)。首先,一个表象与客体的关系,可以从它与客体是否一致(accord)或相符(conformité)的角度来看:这种情况,最为简单,可被定义为**认识职能**。其次,表象可以存在于它

---

①"旨趣"原文为"intérêts",兼有"兴趣、利益、好处、关心"等意思,康德对它的定义是:"旨趣就是这样一种东西,理性通过它而变成实践的……"(参见《道德形而上学的奠基》,第三章)。——校者注

②《实践理性批判》(原文如此,系作者笔误,实为《纯粹理性批判》——校者注),"先验方法论","论以怀疑论的方式满足与自己冲突的理性的不可能性"。

与客体的因果性关系中。这种情况就是**欲求职能**:"凭借其表象而成为该表象的对象之实在性的原因的职能"(我们可能反驳说,存在着一些不可能的欲望,但在这一范例中,因果关系仍将蕴涵在如此这般的表象中,尽管它可能会撞到另外一个与之相反的因果性。迷信行为足以表明,哪怕意识到我们的无能为力,"也不会阻挡我们的努力")①。最后,表象存在于与主体的关系中,它在多大程度上对主体产生后果,就在多大程度上因增强或阻碍它的生命力而影响主体。这第三种关系,作为一种职能,可被定义为**愉快和不快的情感**②。

或许并不存在没有欲望的愉快、没有愉快的欲望,或没有认识的愉快和欲望……但问题不在于此。重要的不在于搞清楚哪些职能事实上是混合体,重要的在于搞清楚,这些职能中的每一种———一旦在法上(en droit)③被界定———是否能有一种**高级形式**。当一种职能在**它自身中**发现自己的运行法则时,我们就说它具有一种高级形式(哪怕由于这一法则而出现了一种与其他职能的必然关系)。因此,一种职能在其高级形式下,具有了**自主性**。纯粹理性批判以这样一个追问开始:是否存在一种高级认识职能? 实践理性批判的问题是:是否存在一种高级欲求职能? 判断

---

①《判断力批判》,"导论",第 3 节。

②"愉快"和"不(愉)快"原文为"plaisir"和"peine",直译可译为"快乐"和"痛苦",但本文中与"痛苦"对应的是另一个词"douleur",所以本书中一律将这两个词译为"愉快(悦)"和"不(愉)快"。——校者注

③"droit"既有"权利"也有"法"的意思,"en droit"这里也可译为"在权利上"。——校者注

力批判的问题是：是否存在愉快和不快的高级形式？（在很长一段时间里，康德并不认为最后一个问题的答案是肯定的。）

高级认识职能

一个表象，就其自身而言不足以构成一种认识。为了认识某个事物，我们不仅要拥有一个表象，我们还同时需要超越这种表象"以便能够认出与之相关的其他表象"。认识由此是表象的综合。"我们认为需要在概念 A 之外设定一个谓词 B，后者对于这一概念来说是陌生的，但我们认为它们应该被关联起来。"我们从一个表象的对象出发断言某种并不包含在这个表象当中的东西。但这样一种综合表现为两种形式：当它依赖于经验，即为**后天的**。如果我说"这条直线是白色的"，它所关涉的是两个漠不相关的规定性的相遇：并不是所有的直线都是白色的，因为它具有的属性并不是必然的。

相反，当我说"两点之间直线最短"，"所有的变化都有一个原因"时，那么我所进行的是一个**先天**的综合：我以 A 来断言 B，就像两者之间存在着必然的普遍的关联。（B 由此本身成为一个**先天的**表象，至于 A，它可能是，也可能不是。）先天的特性在于它的普遍性和必然性。但先天的定义是：独立于经验。先天可以应用于经验，且在某种意义上说，它只应用于经验，但它并非**来源**于经验。根据定义，并不存在与诸如"全部""总是""必然"等词汇相对应的经验，"**最短**"也不是一种比较或一种推理的结果，而是一种先天的规则，我可以通过这条规则画出一条直线。**原因**更不是某种推理的结果，而是一个先天概念，我们可以通过它，认出在经验中发生的事情。

只要综合是经验性的,认识职能就只能以低级形式出现:它在经验当中,而非在它自身当中发现法则。而先天的综合则定义了一种高级认识职能。实际上,后者不再以那些给它提供法则的对象为准,相反,恰恰是先天综合赋予对象以某种此前并不包含于表象中的属性。因此,对象自身必须服从表象的综合,它必须遵从我们的认识职能的规则,而不是相反。当认识职能在自身中找到了属于它自己的法则,便以这样的方式来为知识的对象立法。

这就是为什么高级形式的认识职能的规定性也同时就是理性的旨趣的规定性:"理性的知识与先天的知识是同一个东西",或先天综合判断本身就是被应当称之为"理性的理论科学"的原理。① 理性的旨趣,由理性自身所感兴趣的东西根据一种职能的高级状态而定义。**理性自然感受到**(éprouve)**一种思辨的旨趣,而它之所以拒绝**(réprouve)②**,是为了那些必然服从以高级形式出现的认识职能的对象**。

如果我们现在追问:这些对象是什么?我们立刻就会发现,说那些对象是"物自身",将是一种矛盾。一个**作为自在存在**的物如何能够服从我们的认识职能,并遵从后者的规则?从原则上来说,只有那些**显现自身**的对象,也即"现象",能够如此。(因此,在《纯粹理性批判》中,先天综合独立于经验,但却又只能应用于经验中的对象。)由此可见,理性的思辨旨趣自然地涉及现象,并且

---

①《判断力判断》,"前言";《纯粹理性批判》,"导论",第5节。

②原文如此,其中"réprouve"(拒绝)应为上文中"éprouve"(感受到)的误植。——校者注

也仅仅涉及现象。我们不相信康德为了得出这一结论需要作很长的论证;这是批判的起点,纯粹理性批判的真正难题从这里才开始。如果只有思辨的旨趣,那么理性却总是思考物自身,就是很值得怀疑的事情。

高级欲求职能

欲求职能必须以一个规定意志的表象为前提。但这一次,只需援引先天表象的存在就足以使意志的综合和表象的综合自身成为先天的吗?实际上,难题应该以另一种方式被提出来。甚至当一个表象是先天的时候,它也是通过某种与其所表象的对象相关的愉快间接地规定意志的;由此综合仍然是经验性的或后天的;意志,以"病理学的"方式被规定;欲求职能,处于低级状态。为了达到它的高级形式,表象必须不再是**对象**的表象,哪怕它是先天的;表象应该是某种纯粹形式的表象。"如果人们抽掉一切质料,即(作为规定根据的)意志的一切对象,那么,除了一种普遍的立法的纯然形式之外,一个法则就不剩下什么东西了。"① 当意志不再被愉快所规定,而是被法则的纯然形式所规定时,欲求职能将是高级的,而与之对应的实践的综合则是先天的。由此,约束欲求职能的法则不再存在于它自身之外的材料或对象中,而是存在于它自身中。即它是自律的。②

---

① 《实践理性批判》,定理三。
② 关于《纯粹理性批判》,可参考 Alquié 先生的导言,见法国大学出版社的版本,也可参考 Vlalatoux 先生的著作,收入"SUP Initiation philosophique"丛书。

在道德法则中,正是理性自身规定了意志(而无须借助愉快或不快的情感中介)。因此,存在着一个与高级欲求职能对应的理性的旨趣:**实践的旨趣**。这一旨趣既不能混同于经验的旨趣,也不能混同于思辨的旨趣。康德不断地提醒我们注意,这种实践理性在深层中是"有利害关系的"①。由此我们可以推测,实践理性批判将与纯粹理性批判平行发展:关键的是,首先要知道这种旨趣的性质是什么,它所涉及的是什么。换言之,欲求职能在自身中发现了它自己的法则,这种立法所涉及的是什么?服从于实践综合的存在或对象是什么?尽管这些问题是平行的,但这并不排除对这些问题的回答会比针前面情况的回答要复杂得多。我们将在随后对这些回答给予更为详尽的考察。(此外,我们暂时将不会考察那些愉快与不快的高级形式的问题,因为这个问题的意义本身必须以其他两个批判为前提。)

现在我们只要抓住一个关于批判一般②的本质论点的原则:存在着一些**性质完全不同**的理性的旨趣。这些旨趣形成了一个有机的和等级性的体系,也就是那些有理性的存在者的诸目的的体系。有时候唯理论者仅仅抓住思辨的旨趣:实践的旨趣对他们来说似乎只是后者的派生物。但这种思辨旨趣的膨胀带来两个令人恼火的结果:一方面,我们搞错了思辨的真正目的,但另一方面尤其是,我们仅仅将理性的旨趣**限制**于诸多旨趣中的一个。以

---

①"有利害关系的"原文为"intéressée",注意它与"旨趣"(intérêt)一词的关系。——校者注

②"批判一般"原文为"la Critique en général",与具体的某种批判相对,词语构成与马克思讨论过的"生产一般"相同。——校者注

发展思辨旨趣为由,我们在其更深层的旨趣方面歪曲了理性。旨趣体系的复多性(且等级化)的观念,根据"职能"这个词的第一种含义,主导着康德的方法。这一观念是一条真正的原则,一个目的体系的原则。

职能一词的第二种含义

在第一种含义中,职能在总体上指向一个表象的不同关系。但在第二种含义中,职能意指着诸种表象的特殊源泉。因此,有多少种表象,我们就可以区分出多少种职能。从认识的角度看,最为简单的职能列表如下:

第一,直观(直接与某个经验对象相关的独特表象,它源于**感性**);

第二,概念(通过其他表象的中介与某个经验对象间接相关的表象,它源于**知性**);

第三,理念(其本身超越了经验的可能性的概念,它源于**理性**)。①

然而我们一直在谈论的表象这一概念,至今仍然是晦暗不明的。为了使这一概念明晰化,我们必须在**表象**和**那些自我呈现的东西**之间作出区分。那些向我们呈现的东西,首先是那些显现的客体。用"客体"这一词还太过了。那些向我们呈现的或在直观中显现出来的,首先是现象,它们是(后天的)感性经

---

①《纯粹理性批判》,"辩证论·论一般的理念"。

验的杂多性。我们看到,在康德那里,现象并不是指外表①,而是指显象②。现象在空间和时间中显现出来:空间和时间对我们来说是全部显象的可能形式,是我们直观和感性的纯形式。作为纯形式,时空本身就是呈现(présentations):这一次,是先天的呈现。因此,自我呈现的东西,不仅有空间和时间中的经验现象的杂多性,还有空间和时间本身的先天的纯粹杂多性。准确地说,纯直观(时间和空间)是感性**先天地呈现**的唯一的东西。

确切地说,我们既不能说直观——即使它是先天的——是一种**表象**,也不能说感性是表象的源泉。在表象(représentation)中,最重要的是那个前缀:**再—现**(*re-présentation*)③意味着对一个自我呈现之物的主动的再把握(reprise),因而,它是一种活动,是一个与属于感性的被动性和杂多性不同的统一性。由此看来,我们无须再将认识定义为一种表象的综合。正是再—现(re-présentation)本身表现为认识,换言之,表现为**自我呈现的东西的综合**。

我们需要区分作为一种接受职能的直观的感性与作为表象

---

① 这里"外表"原文为"apparence",在接下来脚注引文中,中文版译为"幻相"。但本文中,与"幻相"相对应的是另一个词"illusion"。关于"现象"与"外表"的详细论述,可参见本书第 114-118 页。——校者注

②《纯粹理性批判》,"感性论"第 8 节["我并不是在说:物体只是显得存在于我之外……如果我用我本应归于显象的东西只是造成了幻相(apparence),那是我自己的过错"]。

③ "表象"原文为"représentation",由前缀"re-"(再、重新)加上"présentation"(呈现)构成。如果写成"re-présentation",则可译为"再现"或"重新呈现"。——校者注

的真正源泉的能动职能。就其能动性来说,综合指向**想象力**;就其统一性(unité)来说,综合指向**知性**;就其总体性(totalité)来说,综合指向**理性**。因此,我们有三种能动的职能参与到综合中:想象力、知性和理性。但当我们在其相互比较中来思考其中一个职能时,它们又是一些特殊表象的源泉。我们的构造就是这样的:我们有一种接受的职能,还有三种能动的职能(我们可以设想其他的存在者以其他的方式被构造;例如,一种神性的存在者,其知性可能是直观的,并且可能生产杂多。但所有这些职能都会统一在一个突出的统一体中。我们是一种有限的存在者这样一种观念,能够激发我们的理性,但它却既不能表达我们的理性,也不能表达它相对我们其他职能的处境)。

职能一词两种含义之间的关系

让我们来思考一下职能的第一种含义:在其高级形式之下,它是自律的和立法的;它为那些服从它的客体立法;有一种理性的旨趣与它相对应。因而,批判一般的第一个问题是:这些高级形式是什么?这些旨趣是什么?以及这些旨趣涉及的是什么?由此带来了第二个问题:理性的旨趣如何自我实现?换言之,是什么保障了客体的服从,客体是**如何**服从的?在被思考的职能中,究竟谁是真正的立法者?是想象力、知性抑或理性?我们看到,一种职能在这个词的第一种意义上是这样被定义的,即有一种理性的旨趣与它相对应。我们还应该寻找第二种含义中的某种职能,能实现这一旨趣或能保障这一立法任务的职能。换言之,没有什么向我们保证了理性自己承担实现**其自身**旨趣的任务。

以纯粹理性批判为例。这一批判开始于发现某种高级的认识职能,由此发现理性的思辨旨趣。这一旨趣涉及的是现象,实际上与物自身无关,现象能够服从认识的职能,并且为了认识是可能的,现象必须服从。但我们还要追问,究竟是哪一种职能,作为表象的源泉,保障了这种服从并实现了这一旨趣。在认识职能本身**中**,究竟是哪一种职能(第二种意义上的职能)立法?康德著名的回答是,在认识职能中或在理性的思辨旨趣中,只有知性是立法者。因此这里并非是理性实现自身的旨趣:"纯粹理性把一切都委托给了知性"①。

我们应该预见到这一回答并非适用于每一种批判:在高级欲求职能中,因而在理性的实践旨趣中,就是理性本身在立法,而不依赖于任何其他职能来实现自身的旨趣。

批判一般的第二个问题,还包括另一个方面。某种立法职能,作为表象的源泉,并没有取消对其他职能的利用。当知性在认识旨趣中立法时,想象力与理性也同样在其中扮演着完全**独创**的角色,只是它们服从于知性给它们规定的特定任务。当理性在其实践旨趣中自己立法时,又轮到知性必须扮演独创的角色,只是它存在于理性所规定的视域之内……在每一种批判中,知性、理性和想象力都形成了不同的关系,只是其中总有一个主导性的职能存在。按照我们对于理性旨趣的如此这般的思考,在这些职能的相互关系中,存在着一种系统的变换。简言之,对于第一种意义上的职能(认识职能、欲求职能以及愉快与不快的情感),必

---

① 《纯粹理性批判》,"辩证论·论先验理念"。

须有第二种意义上的职能(想象力、知性、理性)间的某种关系与它相对应。关于诸职能的学说就这样形成了一个真正的网络,构成了先验方法。

第一章
《纯粹理性批判》
中诸职能的关系

Rapport des faculties dans la
Critique de la Raison pure

"先天"与先验

先天的标准是必然性和普遍性。先天被定义为独立于经验,但确切地说,这是因为经验从来没有"给予"我们任何普遍的和必然的东西。"全部""总是""必然"甚至"明天"等词语,都不指向经验中的某物:它们并不源于经验,尽管被应用于经验。然而,当我们进行认识时,会用这些词:我们说出了一些**多于**我们被给予的东西,我们**超越**了经验的被给予的东西。——我们经常会谈到休谟对康德的影响。休谟确实是最早一位通过这种超越来定义知识的人。当我观察到"太阳千百次升起"时,我并没有知识,而当我断定"太阳明天会升起""**每当**水一百摄氏度**必然**会沸腾"时,我才有知识。

康德首先问的是:什么是知识的事实(quid facti①)?知识的事实,就是我们拥有一些先天的表象(我们全靠它们才能进行判断)。它们要么是一些简单的"呈现":空间与时间,直观的先天形式,先天的直观本身——它们区别于经验的呈现或后天的内容(例如红的颜色);要么,确切地说,是一些"表象":实体、原因等等,一些区别于经验概念(例如狮子的概念)的先天概念。Quid

---

① 拉丁文,可译为"有何事实"。——校者注

facti 的问题，是一个**形而上学**的对象。空间与时间是先天的呈现或直观，这是康德所谓的空间与时间的"**形而上学阐明**"的对象。知性拥有一些先天概念（范畴），它们从判断的形式中演绎出来，这是康德所谓的概念的"**形而上学演绎**"的对象。

我们之所以会超越在经验中被给予的东西，是依据我们自己的一些原则，这些原则必然是**主观的**。被给予的东西并不能为我们据以超越被给予的东西的活动奠定基础。然而，仅仅说我们有一些原则是不够的，我们还需要有运用这些原则的机会。我说"太阳明天会升起"，但如果太阳明天没有升起，那么明天就不会到来。如果经验本身最终不能证实并完成我们的超越，那么我们很快就会失去运用我们原则的机会。所以，经验的被给予的东西自身必须服从与主观的原则同一类型的原则，后者为我们自身的思考步骤（démarche）确立规则。如果太阳有时候升起，有时候不升起，"如果朱砂时而是红的，时而是黑的，时而是轻的，时而是重的，一个人时而被变成这种动物形状，时而被变成那种动物形状，在夏至日大地时而果实累累，时而冰雪覆盖，那么，我的经验性的想象力就绝不能获得机会在有红色的表象时想到朱砂。""（因为若不然）我们的经验性的想象力就永远得不到某种与其能力相符的东西来处理，因而就像是一种死的、我们自己也不认识的职能隐藏在精神深处。"①

由此我们看到了康德与休谟的断裂点。休谟已经看到了认识蕴涵着主观原则，我们凭借这些原则超越了被给予的东西。但

---

①《纯粹理性批判》，"分析论"，第一版，"论想象中的再生的综合"。

这些原则本身似乎只是**人性**①的原则,与我们自身的表象相关的心理连接原则。康德改变了这个难题:那以要形成一个自然(Nature)的方式呈现在我们面前的东西,必然要服从于那些为我们的表象确立规则的原则同一类原则(进一步说,服从**同样的原则**)。这些同样的原则必须能够说明我们的主观思考步骤,同时也说明这样一个事实,即被给予的东西会服从我们的思考步骤。这也就是说,原则的主观性不是一种经验的或心理的主观性,而是一种"先验的"主观性。

因此,关于事实的问题带出了一个更高的问题:权利的问题,quid juris②?仅仅看到我们事实上拥有一些先天的表象,这本身是不够的。我们还要解释这些表象为什么和如何能够必然应用于经验,既然这些表象并不源于经验。在经验中呈现的被给予的东西为什么以及如何会必然地服从那些先天地为我们的表象确立规则的那些原则(从而服从我们的先天表象本身)?这就是权利的问题。——先天指的是那些并非源于经验的表象。先验指的是经验必然据以服从我们的先天表象的原则。因此,在空间和时间的形而上学阐明之后是先验阐明,在范畴的形而上学演绎之后,则是先验演绎。"先验"所描述的是经验的被给予的东西必然服从我们的先天表象的原则,以及相应的,先天表象也必然可以运用于经验的原则。

---

①"人性"原文为"la nature humaine",字面意思即"人的自然"。——校者注

②拉丁文,可译为"有何权利"。——校者注

哥白尼式的革命

在独断的唯理论中,知识论的基础是主体与客体间有某种**一致性**的观念,即观念的秩序与事物的秩序**一致**的观念。这种**一致**包含着两个方面:它自身蕴涵着一种合目的性;它还同时要求一种神学的原则,作为这一和谐以及这一合目的性的源头和保证。但令人惊讶的是,从另一个完全不同的角度来看,休谟的经验论有一个相似的出口:为了解释自然的诸原则与人性的诸原则相一致,休谟也最终不得不明确地诉诸前定和谐。

康德所谓的哥白尼式的革命的基本观点在于:用客体**必然**服从于主体的原则来替代主客体之间的和谐(**最终的**一致)的观念。其根本性的发现在于:认识职能是立法的,或者更确切地说,在认识职能中存在着作为立法者的某种东西。(同样,在欲求职能中也存在着作为立法者的某种东西。)这样,理性的存在者就暴露了一些新的力量(puissances)。我们从哥白尼式的革命所学到的第一件事就是,进行统帅的正是我们。这是对关于智慧的古老观念的一种颠倒:在古代,智者一方面通过其自身的服从来定义自身,另一方面通过自己与自然的"最终"一致来定义自身。康德用一种批判的形象来反对这种智慧:我们,是自然的立法者。当一个哲学家——哪怕他表面上完全不懂康德主义——,宣布用 Jubere 替代 Parere① 时,他从康德那里借来的东西,其实比他自己认为的

---

① "Jubere" "Parere",拉丁文,意思分别为"命令"和"产生"。——译者注

要更多。①

看来,客体服从的难题很容易从主观观念论②的角度得到解决。但没有任何一种解决办法会比这个办法离康德主义更远了。**经验实在论**(le réalisme empirique)是批判哲学的一个恒定部分。现象不是一些外表(apparences),更不是我们活动的产物。现象作用于我们,是因为我们是一些被动的接受的主体。现象会服从我们,完全是因为它们不是物自身。但如果它们不是我们的产物,它们怎么会这样?一个被动的主体,如何能够另一方面又拥有能动的职能,以至于它所感受到的影响必然服从这种职能呢?因此,在康德这里,主体与客体关系的难题趋于内在化:它变成了不同性质的主观职能之间关系的难题(接受的感性与能动的知性)。

综合与立法的知性

表象意味着自我呈现之物的综合。所以综合由以下东西组成:一种被表象的杂多性,也就是说,如同被包含在一个表象当中

---

① 依照英译本对这一句的注解,这一哲学家所指的是列夫·舍斯托夫(Lev Shestov)。舍斯托夫(1866—1938)是20世纪俄国著名思想家、哲学家。与之相关的讨论还可参见德勒兹的另一部著作《尼采与哲学》(周颖、刘玉宇译,北京:社会科学文献出版社,2001)。——译者注

② "主观观念论"原文为"idéalism subjectif",也译为"主观唯心论"或"主观唯心主义"。——校者注

的杂多性。综合包括两个方面:其一为把握①,通过它,我们将杂多放置在了**特定的**空间和时间中,通过它,我们在时间和空间中"生产"出一些部分;其二,再生产②,通过它,在我们达到后续的部分的同时,再生产了先前的部分③。被这样定义的综合,不仅涉及那些显现在时间和空间中的杂多性,同时也涉及时间和空间自身的杂多性④。实际上,如果没有这种杂多性,时间和空间就不会被"表象"出来。

这种综合,既作为把握,同时也作为再生产,总是被康德定义为一种**想象力**的行动。⑤ 但问题在于,说综合足以构成认识(如我们之前所做的那样)是否完全准确?实际上,认识包含两个超出综合自身的东西:它意味着某种意识,或更确切地说,意味着诸表象从属于同一意识,在其中它们应该彼此相关联。但是,想象力

---

①"把握"原文为"appréhension",动词形式为"appréhender",也译为"领会"。在本文中,我们把"appréhension"和"compréhension"分别译为"把握"和"统握"。——校者注

②"再生产"原文为"reproduction",也译为"再生"。——校者注

③"后续(后面)的部分"与"先前(前面)的部分",即"后件"和"前件"。——校者注

④对于德勒兹来说,不仅存在经验的杂多性,同时时空形式自身也是一种杂多性的存在样态。关于这一问题的具体讨论,可参见本书附录"康德四讲"相关部分。——译者注

⑤《纯粹理性批判》,"分析论"中好几处(参考第一版"论知性与一般对象的关系和先天地认识这些对象的可能性":"因此,在我们里面就有这种杂多之综合的一种主动的能力,我们把这种能力称为想象力,而想象力直接对知觉实施的活动我称之为把握")。

的综合,就其自身而言,绝非自我意识。① 另一方面,认识意味着与一个对象的必然关联。这一点使得意识不仅仅是对杂多进行综合的行动,还是把表象的杂多与一个对象相关联的行动(认出:这是一张桌子,这是一个苹果,这是如此这般的一个对象……)。

认识的这两种规定性有一种深层联系。只有当我的诸表象在意识的统一中相联结,且联结的方式始终伴随着"我思"的时候,我的表象才成为我的。然而,如果表象所**综合**的杂多没有因此同时与某一对象相关联,那么那些表象也不会被**统一**在意识中。我们可能只能认识那些被定性的对象(由一种杂多性来把它定性为这样的或那样的)。但如果我们不拥有客体性②作为一种一般的形式,那么杂多就永远不会与一个对象相关联("任意对象","对象=X"③)。这一形式来自何处?**任意对象**是我思(Je pense)或意识统一性的相关物,它是Cogito④的表现,是它的形式的客体化。同样,Cogito真正的(综合的)表达式是这样的:我思想自己,在我思想自己时,我思想了任意对象(我将某一被表象的杂多性与它相关联)。

---

①《纯粹理性批判》,"分析论"第10节。

②"客体性"原文为"objectivité",也译为"客观性"。——校者注

③关于"对象=X"或"等于X的对象",参见《纯粹理性批判》第一版"先验分析论·纯粹知性概念的先验演绎"的第二节"经验的可能性之先天根据"第3小节"概念中认定的综合"。根据上下文,德勒兹把"客体"等同于"对象",从而把康德的"对象=X"理解为"客体=X"了。为了忠于康德原文,我们这里保留"对象=X"的译法,并将上下文中可译为"客体"的"objet"也译为"对象"。——校者注

④拉丁文,即笛卡尔的"我思"。——校者注

对象的形式不是来自想象力,而是来自知性:"我主张,一般客体①的概念(哪怕在对直观的最清楚的意识中也找不到这个概念)正如属于某种特殊职能一样属于知性。"②整个知性的运用,实际上都由我思出发,进一步说,我思的统一性"是知性自身"③。知性拥有一些先天的概念,它们被称之为范畴。如果我们追问范畴是如何定义的,那么我们会看到:**范畴既是意识的统一性的诸表象**,并且因此,**又是任意对象的诸谓词**。例如,并非所有的对象都是红色的,而且那些红色的对象也并不必然是红色的,但没有对象不必然是实体,不必然是其他事物的原因与结果,并与另一些事物处于相互关联中。因此,范畴赋予想象力的综合以某种统一性,没有这种统一性,我们就不能产生严格意义上的认识。简言之,我们可以说,属于知性的并不是综合本身,而是综合的统一性以及这一统一性的表现。

康德的论点是:现象必然服从范畴,乃至通过那些范畴,我们成了自然的真正立法者。但由此产生的问题首先是:为什么恰好是知性(而不是想象力)是立法者?为什么是它**在认识职能中**立法?——要寻求这一问题的回答,或许只要对这些术语加以说明就够了。显而易见,我们不能问:为什么现象**服从**空间和时间?

---

① "一般客体"的原文为"objet en general",也可译为"客体一般",与具体的客体相对,词语构成与马克思讨论过的"生产一般"相同。前面注释中及后面正文中的"一般对象"原文也是"objet en general"这个词。也就是说,本文中的"objet en general"实际上对应着康德原文中的"一般对象"和"一般客体"两种表达。——校者注

② 《致马库斯·赫茨》,1789 年 5 月 26 日。

③ 《纯粹理性批判》,"分析论"第 16 节。

现象就是那些显现的东西,而所谓显现,就是直接存在于空间和时间中。"因为既然只有凭借感性的这样一些纯形式,一个对象才能够向我们显现,也就是说,才能够成为经验性直观的一个对象,所以空间和时间是先天地包含着作为现象的对象之可能性条件的纯直观。"①正因为如此,时间和空间构成"阐明"的对象,而不是演绎的对象,并且对它们的先验阐明,较之于对它们的形而上学阐明,并没有引发任何特殊的困难。因此,我们不能说现象"服从"空间和时间:这不仅因为感性是被动的,同时也因为它是直接的,而"服从"的观念相反意味着一种**中介**即综合的参与,这种综合将现象与某种能够成为立法者的能动的职能连接起来。

由此,想象力自身不是一种立法职能。想象力确切地说体现了中介的作用,它进行综合,将现象与在认识旨趣中唯一发挥立法职能的知性关联起来。因此康德写道:"纯粹理性把一切都委托给了知性,知性首先与直观的对象,或者毋宁说与它们在想象力中的综合发生关系。"②现象并不服从想象力的综合,它通过这种综合服从于立法的知性。因此,与空间和时间不同,作为知性概念的诸范畴,构成**先验演绎**的对象,它提出并解决的,正是现象的服从这一特殊难题。

这一难题的解决可被概括如下:(1)所有的现象都在空间和时间中;(2)想象力的先天综合先天地涉及空间和时间本身;(3)现象由此必然服从这一综合的先验统一性,并服从先天地表象它们的范畴。正是在这一意义上说,知性是立法者。它可能没有告

---

① 《纯粹理性批判》,"分析论"第13节。
② 《纯粹理性批判》,"辩证论·论先验理念"。

诉我们这种或那种现象从其质料的角度来看服从何种法则,但从形式的角度来看,它构成了一切现象所服从的法则,那些现象通过这种方式"形成"了一般意义上的**感性自然**。

想象力的角色

我们现在要追问的是,立法的知性通过其概念和其综合的统一性来做什么。它进行**判断**:"除了借助这些概念作出判断之外,知性对它们不可能有别的应用。"①我们要进一步追问:想象力通过其综合做什么?根据康德著名的回答,想象力进行**图型化**。因此,在想象力中,我们不能混淆综合和图型。图型必须以综合为前提。综合是某一特定空间和特定时间的规定性,通过这种综合,杂多性与一般对象联系起来,并与诸范畴相一致。而图型是在任何时间和任何地点本身与范畴相一致的时空规定性:它不是一种形象,**而是一种时空关系**,后者准确地说体现了或实现了**概念关系**。想象力的图型是立法的知性运用其概念来进行判断的条件,这些判断为一切对杂多的认识提供原则。想象力的图型并不回答如下问题:现象是如何服从知性的?但它回答另外一个问题:知性是如何**应用**于那些服从它的现象的?

有一些时空关系能够与一些概念关系完全一致(尽管他们在性质上是不同的),康德说,这里存在着某种深刻的神秘性与某种隐秘的艺术。但我们并不能借助于这段文本就认为图型法就是

---

① 《纯粹理性批判》,"分析论·论知性的一般逻辑应用"。——至于判断是不是意味着或构成一种特殊的职能的问题,我们将在第三章进行考察。

想象力最为深刻的行动,是它最自发的艺术。图型法是想象力的一种独创行动:它只是进行图型化。但只有当知性进行统辖或拥有立法权力时,它才进行图型化。它仅仅在思辨旨趣中才进行图型化。当知性担负着这种思辨的旨趣时,从而当知性成为**规定者**时,这时且只有这时,想象力才**被规定**去进行图型化。我们将在稍后看到这一情境的后果。

理性的角色

知性作判断,但理性作**推理**。康德遵从亚里士多德的学说,以三段论的方式来构想推理:知性概念被给予了,理性去寻找中间项(moyen-terme),也就是说,去寻找另外一个概念,就其所有的外延来说,这另一个概念是第一个概念被赋予某一对象的条件(例如,人的概念就是把"必死的"赋予卡尤斯的条件)。因此,从这个观点看,正是与知性概念相比,理性才显现了它自身的特性:"理性通过构成一个条件序列的那些知性行动而达到一种知识。"①但确切地说,知性的先天概念(范畴)的存在提出了一个特殊的难题。范畴运用于一切可能的经验对象。为了找到一个中间项,使它能把先天概念赋予**一切**对象,理性不能再诉诸另外一个概念(哪怕它是先天的),而是要形成一些可以超越一切经验的可能性的**理念**(Idées)。正因为如此,理性以某种特定的方式在其独特的思辨旨趣中,被诱导着去形成一些先验的理念。这些理念**代表着条件的总体性**,在这一条件的总体性之下,我们将一种关

---

① 《纯粹理性批判》,"辩证论·论先验理念"。

系范畴赋予可能经验的对象。因此,它们代表某种**无条件**的东西。① 由此产生了一个对于实体的范畴而言的绝对主体(灵魂);对于因果范畴而言的完整的系列(世界),以及对于共联性而言的实在性的整体(作为 ens realissimum② 的上帝)。

由此可见,理性只能扮演它能够扮演的角色,但它注定要扮演这一角色。"理性真正说来仅仅以知性及其合目的的运用为对象。"③**从主观上看**,理性的诸理念把自己与知性的诸概念相关联,以便能够把这些概念赋予最大的统一性和最大的系统的扩展。没有理性,知性就无法把关涉一个对象的思考步骤统一为一个完整的整体。这就是为什么理性,虽然在认识旨趣中把立法的权力委托给了知性,但却仍然至少保留了或**反过来接受了**知性本身的一个角色、一个独创的功能:构筑一个经验之外的理想的中心——诸知性概念最终向这个中心汇集(最大的统一性);形成对诸知性概念进行反思并将其囊括进来的高级视域(最大的扩展)。④ "纯粹理性将一切都委托给了知性,知性首先与直观对象,或毋宁说与它们在想象力中的综合发生关系。理性**只给自己保留了知性概念运用中的绝对总体性**,并试图把在诸范畴中所思维的综合统一延展至绝对无条件者。"⑤

从客观上看,理性也有一个角色。因为知性只能在形式上为

---

① 《纯粹理性批判》,"辩证论·论先验理念"。
② 拉丁文,可译为"实在的存在体"。——校者注
③ 《纯粹理性批判》,"辩证论附录·论纯粹诸理念的调节性运用"。
④ 同上注。
⑤ 《纯粹理性批判》,"辩证论·论先验理念"。

现象立法。然而,让我们来设想一下,如果现象在形式上服从综合的统一性,但在其质料上又表现出一种极为丰富的杂多性:那么在这里,知性就仍然没有机会行使其权力(这一次是从质料上说)。"甚至不再会有任何类的概念或者任何一个普遍的概念,因而不再会有知性。"①因此,通过理性的概念,现象不仅在形式上服从那些范畴,而且,现象还要在质料上与理性的诸理念相一致或被其象征化。一种和谐,一种合目的性在这一层面上被再次引入。但我们会发现,在这里,和谐仅仅是现象的质料和理性的诸理念之间的悬设。实际上,这并非是说理性为现象的质料立法。理性必须假定自然的系统的统一性,它必须把这种统一性作为难题或界限提出来,并根据从这种界限到无限的观念来确定其所有的思考步骤。由此,理性是这样一种职能,它指出所有一切都是如此这般地展开……它绝非断言条件的总体性和统一性已经在对象中被给予了,而是仅仅断言对象允许我们趋向这种作为我们认识最高阶段的系统的统一性。由此现象在其质料上就确实与那些理念相一致,同时那些理念也与现象的质料相一致。但我们在此所面对的,并非是一种必然的和规定的服从,而只是一种未规定的一致性,一种未规定的一致。康德说,理念并非是一种虚构,它有一种客观的价值,它拥有一个对象,但这个对象本身却是"未规定的","悬拟的"。就其对象而言是"**未规定的**",就其与经验的对象相类比而言是**可规定的**,但与知性诸概念相比,又是一种**无限规定性**的理想:这些就是理念的三个方面。因此,理性并

---

① 《纯粹理性批判》,"辩证论附录·论纯粹诸理念的调节性运用"。

不满足于对知性诸概念进行推理,它还对现象的质料进行"象征化"①。

诸职能之间关系的难题:共通感

这样,这三种能动的职能(想象力、知性、理性)就进入了一种特定的关系,与思辨的旨趣有关了。进行立法和判断的是知性,而在知性之下,想象力进行综合和图型化,理性进行推理和象征化。认识正是以这种方式达到最大的系统的统一性。而所有这些职能之间的一致定义了我们所谓的"**共通感**"。

"共通感"是个危险的词,它被过于打上了经验论的印记。同时也不应该把它定义为某种特殊的"感觉"②(一种经验的、特殊的职能)。相反,它意指诸职能之间先天的一致,或更为确切地说,这种一致的"结果"。从这一角度来看,共通感并不表现为一种心理学的给定事实,而是表现为一切"可传达性"的主观条件。认识意味着共通感,没有这种共通感,认识将成为不可传达的,也不能自称具有普遍性。——按照这种词义,康德从未放弃过共通感的主观原则,也就是说,从未放弃过诸职能有一种良好的本性(nature)、一种健全而正确的本性的观念,正是这种本性使得诸职

---

①象征主义理论仅在《判断力批判》中出现,而"类比"在《纯粹理性批判》的"先验辩证论的附录"中已得到描述,因此可以把它看作这一理论的最初雏形。

②"共通感"原文为"sens commun",其中"sens"意为"感觉"。——校者注

能之间能够相互一致,并能够形成一些和谐的比例。"与人性的本质目的相关的最高哲学不能比共通感所指导的方向更遥远"。**即便是理性**,从思辨的角度来说,也拥有一种良好的本性,从而能与其他职能相一致:理念"是通过我们理性的本性被给予我们的,而我们的思辨的一切权利和要求的这一至上法庭却不可能自己包含着原初的欺骗和幻相。"①

让我们首先思索一下这种共通感理论的内涵吧,尽管这些内涵会引发一个复杂的难题。康德主义最为原创性的观点之一正是这样一种观念,即**我们的诸职能之间有一种本性的差异**。这种本性的差异不仅在认识职能、欲求职能和愉快与不快的情感之间表现出来,而且同样在作为表象源泉的诸职能之间表现出来。感性和知性在本性上是有差异的,一个是直观的职能,一个是概念的职能。康德同时反对独断论与经验论,它们各自以其不同的方式,断言了某种简单的程度上的差异(从知性出发,是明晰性的差异;从感性出发,是鲜活性[vicacité]的差异)。但为了解释被动的感性如何与能动的知性相一致,康德援引了想象力——它可以先天地应用于与诸概念相一致的感性诸形式——的综合和图型法。但这样一来,难题只是被转移了:因为想象力与知性自身在本性上也有差异。这两种能动的职能之间的一致是同样"神秘的"。(知性与理性的一致也是如此)。

看来康德遇到了一个可怕的困难。我们已经看到康德拒绝了主体与客体之间先定和谐的观念:他用客体对主体本身的必然

---

①《纯粹理性批判》,"辩证论附录·论人类理性的自然辩证论的终极目的"。

服从代替了这一原则。然而难道他没有重新发现那种和谐的观念,只不过它被移置到本性不同的、主体的诸职能的层面上了吗?这种移置本身可能是原创性的,然而仅仅援引诸职能之间的某种和谐一致,或作为这种一致的结果的某种共通感,显然是不够的。批判一般要求这种一致的某种原则,以作为共通感的起源(genèse)。(诸职能的和谐的难题,是如此重要,以至康德倾向于以它为视角重新阐释整个哲学史)。"我仍然说服自己,相信莱布尼茨在谈到前定和谐时,并不是指的两种不同存在者之间的和谐,例如感性的存在者与理知的存在者之间的和谐,而是同一存在者的两种不同职能之间的和谐,在这同一存在者中,感性和知性相一致,达到一种经验认识。"①但这种重新阐释本身是模棱两可的:它似乎表明康德援引了某种目的论的和神学的最高原则,**其方式**与其先辈**如出一辙**。"如果我们试图判断这些职能的来源,那么这一探寻已经完全超出了人们理性的边界,我们不能指认出神圣造物主之外的另一个基础。"②

然而,让我们在思辨形式之下来进一步思考一下共通感(sensus communis logicus③)吧。它在理性的思辨旨趣中,也就是说在知性的统辖区,表达了诸职能的和谐。诸职能的一致在此由知性来规定,或者说,这种一致是在知性的诸规定概念**之下**产生的。我们应该预见到,从另一种理性旨趣的角度来看,这些职能会进入另一种关系中,处于另一种职能的规定性之下,并将构成另一

---

①《致马库斯·赫茨》,1789年5月26日。
②同上注。
③拉丁文,意为"逻辑共通感"。——校者注

种共通感：例如在理性本身的统辖区，会产生一种道德的共通感。这就是为什么康德说，诸职能的一致能够有**不同的比例**（所依据的是决定关系的是何种职能）。① 但每一次我们这样从某个已经被规定、被具体化了的关系或一致的角度来看，共通感都注定显得像是某种先天的事实，而这一事实已经超出了我们所能追溯的范围。

换言之，前两种批判并不能解决诸职能之间关系的原初难题，而只能把它指出来，并让我们再次面对这个难题，正如面对一项终极任务。所有被规定的一致实际上都假定，在更深的层面上，那些职能可能有一种自由的和未规定的一致。② 正是在这种自由的和未规定的一致的层面上（sensus communis aestheticus③），才**能够提出**这种一致的基础的难题或共通感的起源的难题。正因为如此，我们既不能指望纯粹理性批判，也不能指望实践理性批判，对于这个问题的回答，只有在判断力批判中才能找到其真正的方向。就诸职能间的和谐的基础而言，前两种批判只有在最后一种批判中才得以完成。

合法运用与非法运用

1. 只有现象会服从认识职能（如果物自身也会服从的话，那么这将是一个矛盾）。因而，思辨的旨趣自然涉及的是现象，物自

---

①《判断力批判》，第 21 节。
②同上注。
③拉丁文，意为"审美共通感"。——校者注

身并非思辨的旨趣的自然对象。

2. 现象具体如何服从认识职能,并且服从这种职能中的什么呢? 它们通过想象力的综合,服从知性及其诸概念。因而,在认识职能中立法的是知性。理性之所以这样将其思辨的旨趣托付给知性,是因为它本身无法应用于现象,因为它形成了一些超越经验的可能性的理念。

3. 知性在其形式上为现象立法。因此它应用于并且应该仅仅应用于那些服从它的东西:它不能给我们提供自在存在的事物以任何认识。

这种陈述并不能解释纯粹理性批判的一个根本主题。知性和理性在各种名义下被我们认识物自身的野心所纠缠。康德总是不断地回到这个论点:存在着一些**内在的幻相**或一些**职能的非法运用**。有时候想象力在做梦,而不是在进行图型化。更有甚者,有时候知性不是只应用于现象("经验的运用"),而是企图将其概念应用于自在存在的事物("先验的运用")。而这还不是最严重的。有时候理性不是应用于知性诸概念("内在的或调节性的运用"),而是企图直接应用于一些对象,并想在认识的领域立法("超验的或构成性的运用")。为什么这是最严重的? 知性的先验运用只不过意味着知性从其与想象力的关系中抽象出来。然而,如果理性不给知性提供一个经验之外的有待征服的积极领域的幻相,从而推动知性的话,这个抽象就只能产生一些消极的后果。正如康德所言,知性的先验运用只是源于知性**忽视**了其自身的界限,正如理性的超验运用**勒令**(*enjoint*)我们去越过知性的界限。①

正是在这个意义上,《纯粹理性批判》的标题名副其实:康德揭露了理性的思辨幻相,揭露了理性使我们陷入其中的那些涉及灵魂、世界和上帝的虚假难题。康德用**虚假难题和内在幻相**的概念,代替了传统的"**错误**"概念(作为一种外在决定论产物的精神中的错误)。这种幻相据说是不可避免的,甚至就是理性本性的结果。② 批判所能够做的就是清除这种幻相对认识本身的影响,而不是阻止其在认识职能中的形成。

这一次,我们触及了一个完全涉及纯粹理性批判的难题:如何使关于理性的内在幻相的观念或关于诸职能的非法运用的观念与另一个观念相协调?这另一个观念在康德思想中也同样重要:即我们的诸职能(**包括理性**)天生就被赋予了一种好的本性,且在思辨的旨趣中能够相互一致。一方面,我们被告知,理性的思辨旨趣自然地仅仅涉及现象;另一方面,我们被告知,理性禁不住幻想要获得一种对物自身的认识,并且禁不住要从思辨的角度"关心"它。

让我们来进一步详尽考察这两种主要的非法运用。先验的运用就是知性**企图认识某种一般事物**③(因而不顾及感性的诸条件)。由此,这一事物只能是某种自在地存在之物。它只能被设想为超感性之物("本体")。但事实上,这种本体不可能是我们

---

① 《纯粹理性批判》,"辩证论·论先验幻相"。
② 《纯粹理性批判》,"辩证论·论纯粹理性的辩证推理"及"附录"。
③ "一般事物"原文"chose en général",也译为"事物一般",与"具体事物"相对,词语构成与马克思讨论过的"生产一般"相同。——校者注

知性的一个积极对象。我们知性的相关物诚然是任意对象的形式或一般对象,但更确切地说,这个一般对象并不是认识的对象,除非人们把它置于诸感性条件下将其与某种杂多性联系起来,并用这种杂多性给它进行定性。对于一般对象的认识(它并不受我们感性诸条件的限制),只是一种"无对象的认识"。"范畴的纯然先验的运用事实上根本不是什么运用,而且没有任何被规定的对象,哪怕仅仅是在形式上可规定的对象。"①

超验的运用就是理性企图通过自身去**认识某种被规定的事物**(它把一个对象规定为理念的对应物)。尽管其提法表面上与知性的先验运用相反,但理性的超验运用通向了相同的结果:只有假定某一理念的对象依照诸范畴**自在地**存在,才能规定这个对象。② 此外,正是这种假定使知性本身陷入其非法的先验运用,并在它身上引起对对象有一个认识的幻相。

尽管理性的本性是好的,但对于理性来说,要摆脱对其自身的思辨旨趣的关心,并将立法的权力(puissance)托付给知性,仍然很艰难。在这个意义上,人们发现理性的幻相获胜了,尤其当理性处于**自然状态**时,更是如此。但我们不要把理性的自然状态与其市民状态混为一谈,也不要把理性的自然状态与其自然法③混为一谈,后者在完美的市民状态中才得以实现。④ 批判恰恰是要

---

① 《纯粹理性批判》,"分析论·所有一般对象区分为现象和本体的根据"。
② 《纯粹理性批判》,"辩证论·论人类理性的自然辩证论的终极目的"。
③ "自然法"原文为"loi naturelle",也译为"自然法则"。——校者注
④ 《纯粹理性批判》,"方法论·纯粹理性在其争辩运用方面的训练"。

创立这种市民状态:正如法学家们的契约一样,它意味着理性从思辨角度的一种自动放弃。但当理性这样放弃时,思辨的旨趣却不停地成为**它自身的**旨趣,并且它完全实现了它自身本性的法则。

无论如何,这个回答还不够。仅仅把那些幻相或倒错与自然状态联系起来,把健全的宪法与市民状态甚至自然法联系起来,是不够的。因为那些幻相也存在于自然法中,存在于市民状态和理性的批判中(哪怕这时候它已经再也不能欺骗我们了)。唯一的出路将是:另一方面,恰恰是理性感受到对物自身有某种合法的、自然的旨趣,但这一旨趣并不是思辨的旨趣。既然理性的诸旨趣之间并非毫不相关,而是形成了一个等级性的体系,那么不可避免地是,最高的旨趣必然将自身投影于其他旨趣。如此一来,甚至幻相——当它停止欺骗我们的时候——也具有了一种积极的、完全站得住脚的意义:它以自己的方式表达了思辨的旨趣在一个目的体系中的从属关系。要不是物自身首先是理性的另一旨趣的真正对象,思辨理性就永远不会对物自身感兴趣。① 我们于是应该追问:这个更高的旨趣是什么?(正因为思辨的旨趣并不是最高的旨趣,所以理性可以在认识职能的立法中把思辨的旨趣托付给知性。)

---

①《纯粹理性批判》,"方法论·论我们理性的纯粹运用的终极目的"。

第二章
《实践理性批判》中诸职能的关系

Rapport des faculties dans la
Critique de la Raison pratique

立法的理性

我们已经看到,欲求职能可以具有一种高级形式:因为它不是被(感性的或智性的)对象的表象所规定的,也不是被愉快或不快的情感(它将这一类的表象与意志相关联)所规定的,而是被一种纯粹形式的表象所规定。这种纯粹的形式就是一种普遍的立法的形式。道德法则并不表现为一种比较的和心理上的普遍(例如"己所不欲,勿施于人"等等)。道德法则命令我们将我们意志的准则**思考**为"普遍立法的原则"。一种经得起这种逻辑检验的行为,也就是说,一种其准则可以无矛盾地被思考为普遍法则的行为,至少是符合道德的。在这个意义上,普遍,就是逻辑的绝对。

普遍立法的形式属于理性。实际上,除非知性的表象是受感性条件限制的对象的表象,否则知性本身就不能思考任何被规定者。一个不仅独立于所有情感,而且还独立于所有质料和所有感性条件的表象,必然是理性的表象。但在此,理性不做推理:道德法则的意识是一种事实,"它不是一种经验性的事实,而是纯粹理性的唯一事实,纯粹理性借此宣布自己是源始地立法的。"①因此,

---

①《实践理性批判》,"分析论·纯粹实践理性的基本法则"。

理性是在欲求职能中直接立法的职能。从这一方面看,它才叫"纯粹实践理性"。而欲求职能,由于是**在其自身中**(而不是在某种质料或某个对象中)找到其规定性,严格说来叫意志,"自律的意志"。

先天的实践综合由什么构成呢?对此,康德有多种说法。不过,当人们追问由法则①的简单形式所充分规定的意志具有怎样的性质时,我们必须回答:这是一种自由意志。而当人们追问哪一种法则能够规定这样一种自由意志时,我们必须回答:道德法则(作为普遍立法的纯粹形式)。这里有一种互逆的暗示:即实践理性和自由可能是一回事。无论如何,问题并不在这里。从我们的表象的角度看,正是实践理性概念将我们引向自由概念,引向某种必然与前一概念相关、从属于它然而却并不"在"(réside)它当中的事物。事实上,自由概念并不在道德法则当中,因为它本身是思辨理性的一个理念。但如果道德法则没有告诉我们我们是自由的,那么这一理念就仍然是纯粹悬拟的②、限制性的和未规定的。正是通过道德法则,并且仅仅通过它,我们才知道自己是自由的,或者我们的自由概念才获得了一个客观的、肯定的和规定的实在性。因此,在意志的自律当中,我们发现一种先天的综合,这一综合通过把自由概念与实践理性概念必然地联系起来,赋予了自由概念以某种客观的、规定的实在性。

---

①"法则"原文为"loi",与"道德法则"(也译为"道德律")中的"法则"、"自然法"中的"法",为同一个词。——校者注

②"悬拟的"原文为"problématique",也译为"成问题的"。——校者注

自由的难题

根本的问题在于:实践理性的立法涉及的是什么？服从于实践综合的是哪些存在者或对象？这一问题不再是实践理性原则的"阐明"问题,而是一个"演绎"问题。但我们有一个指引线索:只有那些自由的存在者能够服从实践理性。实践理性为自由的存在者立法,或更确切地说,为那些存在者的因果性立法(通过这一活动,一个自由的存在者成为某种事物的原因)。现在我们要思考的,不再是自由概念本身,而是这一概念所**表象的东西**。

当我们思考现象时,它们都在时空条件之中,我们没有发现任何类似自由的东西:现象都严格服从(作为知性范畴的)**自然因果性**法则,根据这一法则,每一现象都是另一个现象的后果,依此类推,以至无穷。每一个原因又都与前一原因相关联。相反,自由则被定义为能够"自行开始一种状态的能力,因此,自由的因果性并不(像在自然法则中那样)又服从另一个在时间上规定它的原因。"①在这一意义上说,自由的概念不能表象一种现象,而只能表象不在直观中被给予的物自身。以下三点引导我们得出上述结论:

第一,由于认识只涉及现象,所以它为了自身的考虑,不得不提出物自身的存在。物自身虽然不能被认识,但却必须能被**思考**,以便充当感性现象本身的基础。物自身因此被思考为"本

---

①《纯粹理性批判》,"辩证论·关于世界事件自其原因派生的总体性之宇宙论理念的解析"。

体",即理知的、超感性的事物,它们标明了认识的界限,并且使认识求助于感性的条件。①

第二,至少在一种情况下,自由把自己归于物自身,而本体必须被思考为是自由的:即当与之对应的现象享有能动的和自发的职能,且这些职能不能被还原为简单的感性时。我们有知性,尤其还有理性;我们是有智慧的生物。② 作为有智慧的生物或理性的存在者,我们必须把自己思考为理知的或超感性的世界中的一员,天生就具有一种自由的因果性。

第三,这个自由概念,因为属于本体,仍然纯粹是悬拟的和未规定的(尽管也是必然的),除非理性在其思辨的旨趣之外还有其他的旨趣。我们已经看到,只有实践理性规定了自由概念,赋予其以客观的实在性。实际上,当道德法则成为意志的法则时,它就完全独立于感性的自然条件(正是这些条件把任何一个原因与**前一个**原因联系起来):"对它来说没有任何东西先行于它的意志规定。"③正因为如此,作为理性理念的自由概念优先于所有其他理念:因为它能被实践地规定,是唯一赋予物自身以意义或一种"事实"保证的概念(唯一的理性理念),同时也是唯一让我们进入理知世界的概念。④

---

①《纯粹理性批判》,"分析论·所有一般对象区分为现象和本体的根据"。

②《纯粹理性批判》,"辩证论·与普遍的自然必然性相结合对自由的宇宙论理念的说明"。

③《实践理性批判》,"分析论·对纯粹实践理性批判的分析论的批判性阐明"。

④《判断力批判》,第91节;《实践理性批判》,"前言"。

所以看起来,通过赋予自由概念以一种客观的实在性,实践理性确切地说是在给这个概念的对象立法。实践理性为物自身立法,为作为物自身的自由存在立法,为这种存在的本体的和理知的因果性立法,为由这种存在所构成的超感性世界立法。"超感性自然就我们对它能够形成一个概念而言,无非就是一个在实践理性的自律之下的自然。但是,这种自律法则就是道德法则,因而它就是一个超感性自然的……基本法则。""道德法则实际上就是因自由而有的因果性的法则,所以是一个超感性的自然的可能性的法则。"① 道德法则是我们理知的存在的法则,也就是作为物自身的主体的自发性与因果性的法则。正因为如此,康德区分了两种**立法**以及与之对应的两个**领域**:"通过自然概念来立法"就是知性通过规定一些概念,在认识职能或理性的思辨旨趣中进行立法;这一领域是作为一切可能的经验对象的现象领域,它们构成了一个感性的自然。"通过自由概念来立法"就是理性通过规定自由这个概念,在欲求职能之中,即在其自己的实践旨趣中进行立法;它的领域是物自身被思考为本体的领域,它们构成了一个超感性的自然。这就是康德所谓的在两种领域之间存在着的"巨大的鸿沟"。②

因而自在的存在,在其自由的因果性中,**服从**实践理性。但应在何种意义上来理解这种"服从"呢?只要知性在思辨的旨趣中被用于现象,它就是在为其他事物而非自身立法。但当理性在实践的旨趣中立法时,它是在为那些理性的和自由的存在立法,

---

① 《实践理性批判》,"分析论·纯粹实践理性诸原理的演绎"。
② 《判断力批判》,"导论",第 2、9 节。

为它们的独立于一切感性条件的理知的存在立法。因此，正是理性存在通过其理性赋予自身以法则。与在现象界所发生的相反，本体在思想看来，兼具立法者和主体的身份。"它之所以有崇高，虽然并不是就它服从道德法则而言的，但却是就它对这法则来说同时是立法者，并**只是因此才服从它**而言的。"①因此，实践理性语境中的"服从"意味着：同样的存在既是主体又是立法者，所以立法者在此成为它为其立法的自然的一部分。我们属于一个超感性的自然，但是是在**诸立法者成员**的名义之下属于它的。

　　道德法则之所以是我们的理知存在的法则，是因为它是一种形式，理知的存在通过这种形式构成了一个超感性的自然。实际上，它包含着一条对于所有理性存在者来说都相同的规定性原则，从这条原则中，产生了它们系统的统一。② 由此我们理解了恶的可能性。康德总是坚持认为恶与感性有某种关系。但它在我们的理知特质中，也有同样的根据。一个谎言或一次犯罪是一些感性的后果，但它们也不乏在时间之外的理知的原因。甚至正因为如此，我们才不应将实践理性与自由等同起来：在自由中总是存在自由—任意③的地带，在其中我们的选择可能与道德法则相左。当我们的选择与道德法则相左时，我们并非就不再是理知的存在，我们失去的仅仅是一个条件，在这一条件之下这种存在构成一种自然的一部分，并且与其他存在共同组成一个系统的整

---

　　①《道德形而上学的奠基》，第二章。
　　②同上注。
　　③"自由—任意"原文为"libre-arbitre"，其去除连接号的形式"libre arbitre"，通译为"自由意志"。——校者注

体。我们不再是主体,但这首先是因为我们不再是立法者(实际上,我们从感性那里借用了规定我们的法则)。

知性的角色

因而,感性与超感性在两种非常不同的意义上各自形成了一种自然。在两种自然之间,只有一种"类似"(诸法则之下的存在)。根据其悖论性质,超感性的自然从来没有被完全实现过,因为没有任何东西能向一个理性的存在者保证,它的同类会用自己的存有来构成它的存有,并形成只有通过道德法则才可能的那种"自然"。这就是为什么仅仅说这两种自然之间的关系是"类似",还远远不够。必须补充的是,超感性本身只有通过与感性自然**相类比**,才能被思考为一种自然。①

这一点,我们在实践理性的逻辑检验中看得很清楚,人们在这种检验中要探究的是,意志的准则是否能具有普遍法则的实践形式。我们首先要追问的是,这种准则能否通过**感性**自然的普遍**理论**法则建立起来。例如,如果大家都说谎,那么诺言本身就会不攻自破,因为这样的话,有人相信它就会是矛盾的:因而谎言不可能具有(感性的)自然法则的价值。由此,我们得出结论:如果我们的意志的准则是感性自然的理论法则,"每个人都会被迫说真话"。② 由此得出:为了理性的存在者能构成一个**超感性的**自然,说谎意志的准则就不可能毫无矛盾地为理性的存在者充当纯

---

① 《道德形而上学的奠基》,第二章。
② 《实践理性批判》,"分析论·纯粹实践理性诸原理的演绎"。

粹实践的法则。我们正是通过与感性自然的理论法则的形式相类比,来探究是否一个准则能够被思考为超感性自然的实践法则(也就是说,探究超感性自然或理知自然是否可能置于这样一种法则之下)。在这一意义上说,"感性世界的自然"表现为"理知的自然的**模型**"。①

显而易见,知性在此扮演着最重要的角色。实际上,我们从感性自然那里,没有抓住任何与直观或想象力相关的东西。我们仅仅抓住了"与法则相一致的形式",因为它出现在立法的知性当中。但确切说来,我们是在按照某种旨趣,在知性**不再是**立法者的领域,利用这种形式以及知性本身。因为并不是准则与感性自然的理论法则形式的比喻构成规定我们意志的原则。② 这种比喻仅仅是一种手段,我们通过这一手段,去探究是否有一种准则"适用于"实践理性,是否一种行为属于适用于这一规则——即适用于现在作为唯一的立法者的理性的原则——的情况。

在此,我们遇到了一种新的和谐形式,一种在诸职能的和谐中的新比例。根据理性的思辨旨趣,知性进行立法,理性进行推理和象征化(理性通过与经验对象进行类比的方式规定其理念的对象)。根据理性的实践旨趣,进行立法的是理性本身;知性进行判断甚至推理(尽管这种推理非常简单,只是一种简单的比喻),而且它也进行象征化(知性从感性的自然法则中为超感性自然抽取出一种模型)。但在这种新的形象当中,我们必须坚持相同的原则:非立法的职能扮演一个只有它能够担当的不可替代的角

---

①《实践理性批判》,"分析论·纯粹实践判断力的模型论"。
②同上注。

色，但是这种角色是被立法者所决定的。

知性自身能够扮演一个与立法的实践理性相一致的角色，这一点是从何得来的呢？让我们考察一下因果性概念：它蕴涵在欲求职能的定义中（表象对一个它试图生产的对象的关系）。① 因此它蕴涵在与这一职能相关的理性的实践运用中。然而当理性追随其思辨旨趣时，就认识职能而言，它将"一切都交给了知性"：因果性作为范畴，并非以原初的生产性原因的形式（因为现象并非是我们的产物），而是以自然的因果性形式，或以一种把感性现象与无限联系起来的连接形式，将自己归于知性的。相反，当理性追随其实践旨趣时，它又从知性那里重新收回了它只是在另一种旨趣中借给知性的东西。通过在其高级形式下规定欲求职能，理性把"因果性概念与自由概念统一了起来"，换言之，它把一个超感性对象（作为原初的生产性原因的自由的存在）交给因果性范畴。② 我们会奇怪，理性如何能够收回它已经交给知性的东西，既然后者已经在感性自然中被转让（aliéné）。但确切地说来，如果诸范畴让我们**认识**的真的不是其他对象，而只是可能经验的对象，如果诸范畴真的不能对独立于感性条件的对象形成一种认识，那么这些范畴对于非感性对象来说，就同样只有纯逻辑的意义。只有当这些对象从另一方、从另一个角度即认识的角度被规

---

① 《实践理性批判》，"分析论·纯粹理性在实践运用中作出一种在思辨运用中它自身不可能作出的扩展的权利"："在一个意志的概念中，已经包含着因果性概念"。

② 《实践理性批判》，"前言"。

定时,这些范畴才能运用于它们。① 因此,理性从实践的角度规定了因果性的超感性对象,并将因果性本身规定为一种自由的因果性,它可以通过类比形成一种自然。

道德共通感与非法运用

康德经常提醒大家,道德法则完全不需要精妙的推理,而是基于理性最平常、最公共的运用。甚至知性的使用也不需要以任何预先的教导为前提,"既非科学,也非哲学"。因此,我们必须谈论一种道德共通感。危险可能在于,人们总是以一种经验论的方式来理解共通感,把它变成一种特殊的感觉,一种情感,或一种直观。对于道德法则本身而言,再也没有比这个更糟糕的混淆了。②但我们把共通感定义为诸职能的先天一致,由诸职能之一作为立法职能所决定的一致。道德共通感是在理性本身进行立法的条件下知性与理性的一致。在这里,我们重新发现了诸职能有好的本性的观念,以及一种与这种理性旨趣相一致的被规定了的和谐的观念。

然而,至少在《纯粹理性批判》中,康德揭露了一些非法的使用和运用。如果说哲学的反思是必需的,这是因为尽管那些职能有其好的本性,但仍然会引发一些它们无法避免地会落入其中的幻相。知性有时候不进行"象征化"(即利用自然法则的形式作为

---

①《实践理性批判》,"分析论·纯粹理性在实践运用中作出一种在思辨运用中它自身不可能作出的扩展的权利"。

②《实践理性批判》,"分析论·定理4",注释2。

道德法则的一种模型),而是寻找一种将法则与直观关联起来的"图型"。① 另外,理性有时候不命令(命令在原则上与感性偏好或经验的旨趣之间没有任何一致的地方),而是使义务适应我们的欲望:"由此就产生出一种**自然的辩证法**。"②因此需要追问的是,康德的两个主题,即自然和谐(共通感)的主题与不一致的使用[无感(non-sens)]③的主题,如何能相互协调。

康德强调思辨的**纯粹**理性批判与实践理性批判之间的差异:后者并不是对"纯粹的"实践理性的批判。实际上,在思辨的旨趣中,理性本身不能立法(照顾它自己的旨趣):因而,一旦纯粹理性试图充当立法者的角色,就会成为内在幻相的源泉。相反,在实践的旨趣中,理性并不托付任何他者来立法:"只要指明了有纯粹理性存在,它就不需要任何批判。"④在此,需要批判的,作为幻相源泉的,并不是纯粹实践理性,而毋宁是混入其中的不纯粹,如经验的旨趣被反映到其中。因此,与对纯粹思辨理性的批判相对应的,是对不纯粹的实践理性的批判。尽管如此,在这两者之间还是存在着某种共同的东西:所谓的先验方法,总是理性的**内在**运用的规定性,并与理性诸旨趣之一相一致。因此,纯粹理性批判**揭露**了思辨理性的超验运用:企图自己立法;而实践理性批判则**揭露**了实践理性的超验运用:不是自己立法,而是任凭自己适应

---

① 《实践理性批判》,"分析论·纯粹实践判断力的模型论"。
② 《道德形而上学的奠基》,第一章,结尾。
③ "无感"原文为"non-sens",这里与"共通感(sens commun)"相对,在别处也译为"无意义"。——校者注
④ 《实践理性批判》,"前言"。

经验性条件。①

尽管如此,读者还是有权利追问,康德在两大批判之间建立的这种著名的平行关系,是否足以回应此前提出的问题。康德本人并没有谈到实践理性的单一"辩证论",而是在两种完全不同的意义上来使用这个词。他实际上指出,实践理性难免会提出在**幸福和德性**之间有一种必然关联,但却因此陷入一种二律背反之中。二律背反在于:幸福不可能是德性的原因(因为道德法则是决定善良意志的唯一原则),同时德性似乎也更不可能是幸福的原因(因为感性世界的法则绝不会遵守善良意志的意图的安排)。然而,幸福的观念可能意味着我们的欲望或偏好的彻底满足。尽管如此,人们在这种二律背反(特别是其第二条)中,很难看到经验性旨趣的简单投射的后果:是**纯粹**实践理性本身要求在德性与幸福之间有一种关联。实践理性的二律背反很好地表达了一种较之前更为深刻的"辩证论",它意味着纯粹理性的内在幻相。

对这种内在幻相的解释可以被重构如下②:

第一,纯粹实践理性排除了任何愉快或任何满足作为欲求职能的规定性原则。但当法则规定欲求职能时,欲求职能也正由此体验到一种满足,一种消极的享受,这一享受表明我们独立于诸感性偏好,这是一种纯粹智性的满意,它直接表达了我们知性和理性的形式的一致。

第二,然而,我们会把这种消极的享受混同为积极的感性情感,甚至混同为一种意志的动机。我们会把这种能动的智性的满

---

① 《实践理性批判》,"前言"。
② 《实践理性批判》,"辩证论·对实践理性的二律背反的批判性消除"。

意混同为某种被感觉、被体验的东西（诸能动职能的一致，正是以这种方式对经验论者来说显得像是一种特殊的感觉），这里有一种纯粹实践理性自身无法避免的内在的幻相。"这里总是有一种 vitium subreptionis① 的根据，仿佛是对与人们所感之事不同的人们所做之事的自我意识中的一种视幻觉的根据。这种视幻觉即便经受过最大考验的人也不能完全避免。"

第三，因此，二律背反的基础是实践理性的内在满意，是这种满意与幸福的不可避免的混淆。由此我们有时候相信幸福本身是德性的原因和动机，有时候相信德性本身是幸福的原因。

如果确实与"辩证论"一词的第一种含义相一致，经验的旨趣和欲望投射到了理性当中，并使其变得不纯粹，那么与"辩证论"一词的第二种含义相一致，这种投射在**纯粹**实践理性本身中同样是一种更深刻的内在原则。消极的、智性的满意与幸福的混淆是一种内在的幻相，它永远不可能完全消失，只不过它的后果可以通过哲学的反思被消除。在这一意义上，无论如何，这一幻相只是表面上有悖于诸职能有好的本性的观念：二律背反本身为一种总体化做出了准备，虽然它自己可能没有能力进行这种总体化，但它迫使我们从一种反思的角度去寻找作为其恰当的解决办法或打开其迷宫的钥匙。"纯粹理性在其辩证论中显露出来的二律背反，事实上是人类理性历来可能曾陷入的最有利的迷误。"②

---

①拉丁文，意为"欺诈的错误"。——校者注
②《实践理性批判》，"辩证论·纯粹实践理性的一般辩证论"。

实现的难题

到目前为止,感性和想象力在道德共通感中还并没有扮演任何角色。对此我们无须惊讶,因为道德法则在其原则中,如同在其典型的应用中一样,独立于一切图型和一切感性条件。因为自由的存在与自由的因果性不是任何直观的对象,因为超感性自然与感性自然被一个鸿沟分开了。诚然存在着基于感性的道德法则的行为,但感性在这里是被当作情感而非直观,且这一法则的后果本身是一种与其说是积极的不如说是消极的情感,它更接近痛苦而非愉快。这种情感是遵守法则所产生的情感,可先天地被规定为唯一的道德"动机",但它更多地是贬低感性,而非在诸职能关系中赋予感性一个角色。(我们发现,道德动机并不能由我们刚才谈到的智性的满意提供。后者完全不是一种情感,而只是与情感的一种"类比",只有对法则的遵守,才能为道德提供这样的动机;它把道德性本身作为动机。)①

但实践理性与感性之间关系的难题既没有因此得到解决,也没有因此被取消。这种遵守更多的是作为一种有待积极完成的任务的预备规则。**只有一种误解是危险的,它关系到整个的实践理性**:即认为康德的道德不在乎其自身的实现。实际上,感性世界与超感性世界之间的鸿沟只是为了被填平才存在:如果超感性逃离了认识,如果并不存在使我们从感性过渡到超感性的理性的

---

① 《实践理性批判》,"分析论·纯粹实践理性的动机"。(毫无疑问,这种遵守是积极的,但只有在"通过其智性的原因"来遵守时才是积极的。)

思辨运用,那么相反,"后一个世界毕竟应当对前一个世界有影响,也就是说,自由概念应当使通过它的法则所提出的目的在感性世界中成为现实"。① 由此超感性世界是**原型**,同时感性世界"由于包含着前一个世界的理念的可能后果,可以称**为摹本**的世界"。② 自由的原因是纯粹理知的,但我们必须考虑到,作为现象和物自身的,是**同一个存在**。作为现象,它服从自然的必然性;作为物自身,它是自由因果性的源泉。此外,正是**同一种行为**,同一种感性后果,一方面指向感性原因链(据此它是必然的),另一方面,将它自身,连同它的原因,指向一个自由的原因(它是这个原因的征象或表达)。自由的原因从来不在自身中产生后果,因为在它自身中,既没有任何事发生,也没有任何事开始。**自由的因果性只有感性的后果**。由此,实践理性,作为自由因果性的法则,本身必须"拥有对现象而言的因果性"。③ 诸自由的存在者通过理性的法则形成的超感性自然,必须在感性世界中得到实现。正是在这一意义上,我们才能根据自然中的自由的感性后果是否与道德法则相一致,来谈论自然与自由之间的相互支持或对立。"对立或支持仅仅存在于作为现象的自然和作为感性世界中的现象的自由的**后果**之间。"④我们知道,与自然和自由、感性自然和超感性自然相对应,存在着两种立法,两个**领域**。但却只存在一个唯一的**领地**,这就是经验的领地。

---

①《判断力批判》,"导论",第 2 节。
②《实践理性批判》,"分析论·纯粹实践理性诸原理的演绎"。
③《纯粹理性批判》,"辩证论"。
④《判断力批判》,"导论",第 9 节。

康德由此阐述了所谓的"实践理性批判中方法的悖论":客体的表象永远不能规定自由意志或先于道德法则;而通过直接规定意志,道德法则也规定了与这种自由意志相一致的客体。① 更确切地说,**当理性在欲求职能中立法时,欲求职能本身给对象立法**。这些实践理性的对象构成了所谓的道德上的善(le Bien moral)(正是在与善的表象的关系中,我们体验到了一种智性的满意)。但"道德上的善,对于客体来说,是超感性的东西"。但它表象这个客体,让它在感性世界得以实现,也即是说,"作为因自由而有的可能后果"。② 这就是为什么在其最通常的定义中,实践的旨趣表现为理性和诸对象的一种关系,理性不是认识那些对象,而是**实现**它们。③

道德法则完全独立于直观和诸感性条件。超感性自然独立于感性自然。诸善本身独立于我们实现它们的物理能力,而仅仅(与逻辑检验相一致)由想要实现它们的行为的道德可能性来规定。无论如何,道德法则如果与其感性后果相分离,就什么也不是;自由也一样,如果与其感性后果相分离,就什么也不是。由此,是否将道德法则视为对自在的存在的因果性立法,视为对纯粹超感性自然的立法就足够了?说现象服从作为实践理性原则的道德法则,可能是荒唐的。感性自然不会把道德性作为法则;哪怕自由的诸后果也不能损害作为感性自然法则的机械论,因为

---

① 《实践理性批判》,"分析论·纯粹实践理性的对象的概念"。
② 《实践理性批判》,同上。
③ 《实践理性批判》,"分析论·对纯粹实践理性批判的分析论的批判性阐明"。

那些后果是一个接一个必然地链接起来的,由此形成一个表现自由原因的"唯一的现象"。自由在感性世界中从不生产奇迹。但是,实践理性仅仅为超感性世界立法,仅仅为构成这一世界的诸存在的自由因果性立法,如果这一点是真实的话,那么同样真实的是,整个这一立法也把这个超感性世界变成某种必须在感性中被"实现"的事物,把自由的因果性变成某种必须有(能表现道德法则的)感性后果的事物。

实现的条件

这样一种实现还必须是可能的。如果不可能,那么道德法则本身就会崩溃。① 然而,道德的善的实现,必须以感性自然(**遵从其诸法则**)与超感性自然(遵从其法则)的一致为前提。这种一致表现在幸福与道德性成比例的观念中。也就是说,表现在作为"纯粹实践理性之对象的总体"的至善观念中。但如果人们追问至善又是如何可能的,从而又是如何实现的时,我们就会遇到二律背反:对幸福的欲求不可能是德性的动机;同样,德性的准则看起来也不可能是幸福的原因,因为道德法则并不为感性世界立法,感性世界由它自身的法则支配,而这些法则对意志的道德意图是无动于衷的。尽管如此,这第二个方向开放了一种解决办法:幸福与德性的关联并不是直接的,而是在一个趋于无限的进步的远景当中(不朽的灵魂),通过感性自然的理知作者的中介,或一种"世界的道德原因"(上帝)来实现的。由此,灵魂和上帝

---

① 《实践理性批判》,"辩证论·实践理性的二律背反"。

的理念成了实践理性的对象本身被作为可能的和可实现的而提出来的必要条件。①

我们已经看到,自由(作为超感性世界的宇宙论理念)从道德法则那里获得了一种客观的实在性。灵魂的心理学理念,最高存在的神学理念,也都在同一种道德法则之下获得了一种客观的实在性。因而,思辨理性的三个伟大理念可以被置于同一个层面上,它们从思辨的角度看,同样都是悬拟的(problématique)和未规定的,但它们又同样都从道德法则那里获得一种实践的规定性。在这一意义上,就它们都被实践地规定而言,它们要求"实践理性的悬设":它们是"纯粹实践信仰"的对象。② 然而,更确切地说,我们会注意到,实践的规定性并不以同样的方式涉及这三种理念。只有自由这个理念是直接被道德法则所规定的:自由,与其说是一种"悬设",不如说是一种"事实的质料"(matière de fait),或一个定言命题的对象。另外两个理念,作为"悬设",只不过是自由意志的必然对象的条件:"这就是说,它们的可能性由'自由是真实的这一事实'证明了。"③

但这些悬设是超感性在感性中得以实现的唯一条件吗?还需要一些内在于感性自然的条件,它们必须在感性中奠定某种能力(capacité),以表达或象征某种超感性的事物。它们表现在三个方面:现象质料中的自然合目的性;美的对象中的自然的合目的性的形式;自然的无形中的崇高,感性自然本身通过它,证明了一

---

① 《实践理性批判》,"辩证论·总论纯粹实践理性的悬设"。
② 《实践理性批判》,"辩证论·出自纯粹理性的一种需要的视之为真"。
③ 《实践理性批判》,"前言";《判断力批判》,第 91 节。

种更高的合目的性的存在。然而,在后两种情况下,我们发现**想象力**发挥着根本性的作用:它或者自由地使用,而不依赖于知性规定的概念;或者越过自身的界限,感到自己是无限的,并把自己与一些理性的理念联系起来。由此,对道德性的意识,也就是说道德共通感,就不仅包括信仰,同时还包括想象力的行动,感性自然通过那些行动,显得有能力接受超感性的后果。因此,想象力本身实际上是道德共通感的组成部分。

实践的旨趣与思辨的旨趣

"对于精神的任何一种职能,人们都可以赋予一种旨趣,亦即一个原则,它包含着唯有在其下这种职能才能起作用的条件。"①这些理性的旨趣不同于经验的旨趣,因为后者涉及的是一些客体——但仅仅指那些服从某种职能的高级形式的客体。因此,思辨旨趣涉及的是那些构成一个感性自然的现象。实践旨趣涉及的是那些作为物自身的、构成一个有待实现的超感性自然的理性存在者。

这两种旨趣在本性上有差异。因此,当理性进入到其实践旨趣为之敞开的领域时,它就不会取得思辨的进步。**自由**作为思辨的理念是悬拟的,它本身是未规定的,当它从道德法则中获得实践的直接规定性时,思辨理性没有得到任何拓展。"它在这方面仅仅给它悬拟的自由概念增加了保障,这个概念在这里获得了客

---

① 《实践理性批判》,"辩证论·纯粹实践理性在其与思辨理性相结合时的优先地位"。

观的、虽然只是实践的但却是无可怀疑的实在性。"①事实上,我们对于自由的存在者的本性的认识并不比以前更多;我们没有任何能与之关联的直观。我们仅仅知道,通过道德法则,这样一种存在者存有着并拥有一种自由的因果性。实践旨趣是这样的,即表象与客体的关系并不形成一种认识,而是指示了某种有待实现的东西。从认识的角度来说,**灵魂与上帝**,作为思辨的理念,没有从其实践的规定性中获得更多的扩展。②

但这两个旨趣并非只是并列而立的。显然,思辨的旨趣从属于实践的旨趣。从更高的旨趣来看,如果感性世界没有表现出实现超感性的可能性,那它就不会有思辨的旨趣。因此,思辨理性本身的诸理念只有实践的直接规定性。我们可以在康德所谓的"信仰"那里很清楚地看到这一点。信仰是一个思辨的命题,但它只有通过从道德法则中获得的规定性才能变成突然判断(assertorique)。同样,信仰也并不与某种特定的职能相关,而是表达了思辨旨趣与实践旨趣的综合,以及前者对于后者的从属关系。由此得出上帝存在的道德证明对于一切思辨证明的优越性,因为,作为认识的对象,上帝只有以间接的和类比的方式才是可规定的(正如现象从中得出最大的系统的统一性);但作为信仰的对象,上帝却获得了专属于实践的规定性和实在性(道德世界的创造者)。③

一种旨趣通常包含着一个**目的**(*fin*)的概念。然而,尽管理性

---

①《实践理性批判》,"分析论·纯粹实践理性诸原理的演绎"。
②《实践理性批判》,"辩证论·总论纯粹实践理性的悬设"。
③《判断力批判》,第87、88节。

确实在其思辨运用中没有放弃在它所观察的感性自然中找寻一些目的(fins),但这些物质的目的也从不表象某个终极目的(but final),而只是表象对自然的那种观察。"从世界被认识这一事实也不能产生出世界存在的价值;而且人们必须已经预设它的一个终极目的,与这个终极目的相关,对世界的考察本身才会具有一种价值。"①实际上,终极目的意味两件事:它应用于一些存在,这些存在一方面必须被当作**目的本身**,另一方面,必须赋予感性自然以一个**有待实现的最后目的**。因此,终极目的必然是实践理性的概念,或高级形式的欲求职能的概念:只有道德法则决定了作为目的本身的理性存在者,因为它在对自由的运用中构建了一个终极目的,但同时又将它规定为感性自然的最后目的,因为它命令我们通过将普遍的幸福与道德性统一起来去实现超感性。"如果创造有一个最后目的,那么,我们就只能把它设想成这样的,即它必须是与道德的目的(唯有它才使一个目的的概念成为可能)和谐一致的……实践理性不仅指明了这一终极目的,而且也在使**创造的**一个终极目的唯一能被我们所设想的那些条件方面规定了这一概念。"②只是因为从更深层的关系来看,实践旨趣蕴含着既作为目的本身,同时也作为那个感性自然自身的最后目的的理

---

① 《判断力批判》,第86节。

② 《判断力批判》,第88节。(这里"最后目的"和"终极目的"的原文分别是"fin dernière"和"but final",在这段引文中,与这两个词相对应的康德的原文是同一个词"Endzweck"。在中译版中,与"最后目的"对应的德文词是"ein letzter Zweck"。为了尊重德勒兹在本文中的区分,我们仍分别将"fin dernière"和"but final"译为"最后目的"和"终极目的"。——校者注)

性存在者,思辨旨趣才在感性自然中发现一些目的。在这一意义上应该说,"一切旨趣都是实践的,而且甚至思辨理性的旨趣,也只是有条件的,唯有在实践的运用中才是完整的。"①

---

①《实践理性批判》,"辩证论·纯粹实践理性在其与思辨理性相结合时的优先地位"。(参见《道德形而上学的奠基》,第三章:"旨趣就是这样一种东西,理性通过它而变成实践的……理性的逻辑旨趣,在于扩展其认识,它从来都不是直接的,而是以这一职能的运用与之相关联的一些目的为前提"。)

第三章
《判断力批判》
中诸职能的关系

Rapport des facultes dans la
Critique du Jugement

是否存在着情感的高级形式？

这一问题意味着：是否存在着某些表象可以先天地决定主体的状态是愉快或不快？感觉(sensation)①不能归入这一情况：它所产生出来的愉快或不快(情感)只能被经验地认识。当客体的表象是先天的时，也同样不能归入这一情况。我们是否要援引道德法则作为一种纯粹形式的表象？(对这一法则的遵守作为后果，将是不快的高级状态，而智性的满意，则是愉快的高级状态)。康德的回答是否定的。② 因为满意既不是一种感性后果，也不是一种特定的情感，而是一种情感的智性"类比"。只有当那种遵守本身是一种消极情感时，它才是一种后果，在其积极性上，它与作为动机的法则相混同，而不只是由后者派生出来。根据通常的规则，当感觉(sentir)职能本身在欲求职能的低级形式或高级形式中发现自己的法则时，就有可能达到自己的高级形式。

那么，什么是高级愉悦呢？它不应与任何一种感性诱惑联系在一起(对某种感官的对象的存有的经验性旨趣)，也不应与任何智性偏好联系在一起(对意志的对象的存有的纯粹实践的旨趣)。

---

① 这里的"感觉"指感官感受。——校者注
②《判断力批判》，第12节。

感觉职能只有在其原则方面变成**无利害关系的**(désintéressée)，才能成为一种高级形式。在此重要的不是被表象对象的存有，而只是表象在我身上引起的后果。这等于说，高级愉悦是纯粹**判断力**、纯粹判断活动的感性表达。① 这一活动首先表现在"这是美的"这样一种审美判断中。

然而，在审美判断中什么样的表象能够具有高级愉悦这一后果？既然对象的质料的存有仍然是无足轻重的(indifférent)，那么这里重要的就仍然是纯粹形式的表象。但这一次，是对象的形式。而且这种形式不可能仅仅是把我们与一些质料地存有的外在对象联系起来的直观形式。实际上，"形式"现在所指的是：通过想象力对某个独特对象的反思。形式是想象力针对某一对象所反思的东西，它与这个对象就其存有并对我们产生影响而言在我们身上唤起的感觉的质料要素相对。有时候康德会问：一种颜色，一种声音本身是否能被说成是美的？有这个可能，只要我们不是从质料角度来理解它们对我们的感官所产生的质的后果，我们就能通过自己的想象力去反思构成它们的那些震动(vibrations)。但颜色和声音都太富有质料性，太过深入我们的感官，以至于我们很难在想象力中这样来反思：它们更多地是美的催化剂，而不是美的要素。根本性的东西，是构图(dessin)，是构思(composition)②，它们确切地说是反思的形式表现。③

---

① 《判断力批判》，第9节。

② "构图(dessin)""构思(composition)"，也译为"画法"和"作曲"。——校者注

③ 《判断力批判》，第14节。

在审美判断中,形式的反思表象是美的高级愉悦的原因。因此我们必定观察到,感觉职能的高级状态表现出两种悖论的特性,并且两者之间密切相关。一方面,与在其他职能中所发生的不同,这种高级形式在这里没有定义任何理性的旨趣:审美愉悦也独立于实践旨趣和思辨旨趣,它本身被定义为是完全无利害关系的。另一方面,高级形式的感觉职能不是立法者:一切立法都暗示着立法所实施于其上并且服从于立法的客体。然而,审美判断不仅总是特殊的,比如"这朵玫瑰是美的"("玫瑰一般地是美的"这个命题意味着一种比较和一个逻辑判断)。① 而且尤其重要的是,审美判断甚至不为其独特的客体立法,因为它对于这个独特客体的存在是完全无动于衷的。因此,康德拒绝将"自律"一词运用于高级形式的感觉职能:因为它无力给客体立法,判断力只能是**再自律的**(héautonome),也即自己给自己立法。② 感觉职能没有**领域**(既没有现象,也没有物自身);它不表达某类客体必须服从的条件,而只是表达诸职能运行的主观条件。

审美共通感

当我们说"这是美的",我们并不只是想说"这是令人愉快的":我们自以为这里有某种客观性,某种必然性,某种普遍性。但美的客体的纯粹表象是特殊的:所以审美判断的客观性是没有概念的,或者说(这是一回事)它的必然性与它的普遍性都是主观

---

① 《判断力批判》,第 8 节。
② 《判断力批判》,"导论",第 4、5 节。

的。每一次一个被规定的概念（几何图形、生物种类、理性理念）参与进来，审美判断都不再是纯粹的，美也不再是自由的。① 感觉职能，在其高级形式之下，既不再依赖于思辨旨趣，也不再依赖于实践旨趣。这就是为什么在审美判断中被设定为普遍的和必然的东西仅仅是愉快。我们假定我们的愉快应该是可以交流的，对于所有人都是有效的，我们假设每一个人都可以体会到它。这种预设，这种假设甚至不是一种"悬设"（postulat），因为它排除了所有被规定的概念。②

然而，如果知性不以某种方式参与进来的话，这个假设将是不可能的。我们已经看到了想象力扮演什么角色：它从形式的角度来反思某个独特的客体。这样做的时候，它并不把自己与知性的某个被规定的概念相关联。但它把自己与作为概念的一般职能的知性本身相关联。它把自己与知性的**未规定的**概念相关联。也就是说，纯粹自由的想象力使自己与其合法性还未具体化的知性变得一致。严格说来，人们可以说，想象力在此是"无概念的图型化"。③ 但图型化永远都是一个不再自由的、被规定按照与某个知性概念相一致的方式行动的想象力的行动。事实上，想象力不是进行图型化，而是做了其他事情：它在对对象形式的反思中表现了自己更为深刻的自由："它以某种方式在对形象的沉思中发挥作用"，它变成了自发性的和生产性的想象力，它"成了可能直

---

① 《判断力批判》，第 16 节 [自由美（pulchritudo vaga）]。
② 《判断力批判》，第 39、40 节。
③ 《判断力批判》，第 35 节。

观的任意形式的原因"。① 因此,这是作为自由的想象力与作为未规定的知性之间的一致。这是**诸职能之间自由的和未规定的一致本身**。对于这种一致,我们要说,它定义了确切意义上的审美共通感(品味)。实际上,我们所假设的可传达的、有价值的愉悦都不过是这种一致的结果。由于不是在规定的概念下活动,想象力与知性的自由的游戏,并不能被理智地认识,而只能被感知。② 因而我们对(没有概念参与的)"情感的可传达性"的假设,建立在诸职能主观一致的观念上,因为这种一致本身形成了一种共通感。③

也许有人认为审美共通感是前两个共通感的**完成**:在逻辑共通感和道德共通感中,进行立法并决定其他职能功能的,或者是知性,或者是理性,而现在轮到想象力了。其实并非如此。感觉职能不为客体立法,所以**它身上没有一种立法的职能(职能的第二种含义)**。审美共通感并不表象诸职能的客观一致(即客体对某种占统治地位的职能的服从,那个占统治地位的职能同时又规定了其他职能对于客体的作用),而是表象了一种纯粹的主观和谐,其中想象力和知性自发地、各尽其职地发挥作用。由此,审美共通感不是完成了其他两种职能,它**为它们奠基基础或使它们成为可能**。如果不是所有的职能整体上首先就具有这种自由的主观和谐,那么就不会有任何一种职能能够发挥立法的和规定的作用。

但这样一来,我们就面临一个尤为棘手的难题。我们要用诸职能之间自由的一致来阐明审美愉悦的普遍性或高级情感的可

---

① 《判断力批判》,第 16 节及"对分析论第一章的总附释"。
② 《判断力批判》,第 9 节。
③ 《判断力批判》,第 39、40 节。

传达性。但这种自由的一致,是不是只要先天地假定它、假设它存在就够了呢?相反,难道它不应该在我们身上被**生产**吗?换言之,审美共通感难道不应该成为某种**起源论**(genèse)——确切地说先验起源论——的对象吗?这个难题主导了判断力批判的第一部分,它的解决办法包含了好几个复杂的环节。①

崇高中诸职能的关系

当我们停留在"这是美的"这类审美判断上时,理性似乎没有发挥任何作用:只有知性和想象力参与其中。此外,被发现的是愉快的一种高级形式,而不是不快的一种高级形式。但"这是美的"这个判断只是审美判断中的一种,我们还应该考虑另一种:"这是崇高的"。在崇高中,想象力开始了一种与形式反思完全不同的活动。崇高的情感在面对无形或者变形(广袤与威力)时被体验到的。所有一切都好像是想象力遭遇到它自身的界限,被迫达到它的最大值,遭受着一种将其带到自己能力极限的暴力。当想象力进行**把握**(appréhender)(对于各个部分前后相继的把握)时,它可能不会有界限。但当它到达后面部分而又必须把前面的部分再生产出来时,它的确达到了同时**统握**(compréhension)②的最大值。面对体积的巨大,想象力体验到了对这种最大值的无能为力。"在努力扩展这最大值时就降回到自身。"③初看起来,我们

---

① "环节"原文为"moments",也译为"时刻""契机"。——校者注
② 参见本书第 24 页脚注①。——校者注
③《判断力批判》,第 26 节。

把这归因于自然的客体,也就是感性自然,这种广袤使得我们的想象力无能为力。但事实上,迫使我们去把感性世界的广袤统一为一个整体的,绝不是别的东西,而是**理性**。这个整体就是那个感性世界的理念,而感性世界有某种理知的或超感性的事物作为基质(substrat)。由此,想象力明白了,正是理性将其推到了其能力的极限,迫使它去承认自己的全部力量相对于一个理念来说,都相当于零。

因此,崇高使我们面对想象力和理性之间的一种直接的主观关系。但这种关系,与其说是一种一致,不如说首先倒是一种**不一致**。我们体验到了理性的要求与想象力的力量之间的矛盾。这就是为什么想象力似乎失去了它的自由,而崇高的情感,与其说是一种愉快,毋宁说是一种不快。但在不一致的底部,出现了一致;不快使得愉快成为可能。当想象力被某种在各个方面都超越它的东西所迫而面对自己的极限时,它本身也超越了自己的界限。这种超越诚然是以否定的方式发生的:它表现为对理性理念的不可及(inaccessibilité),并把这种不可及变成某种在感性自然中出现的东西:"因为想象力虽然超出感性东西之外找不到任何它可以求助的东西,它却毕竟也正是通过对它的限制的这种取消而感到自己是无界限的;因此,那种抽象就是无限者的一种展示,这种展示虽然正因为此而永远只能是一种否定的展示,但却毕竟**扩展了灵魂**。"①这就是想象力和理性之间不一致的一致:不仅理性,**而且想象力也**拥有"超感性的使命(destination)"。在这种一致中,灵魂被感受为全部职能的未规定的、超感性的统一性。我们自己也与

---

① 《判断力批判》,第29节,"总附释"。

一个中心联系起来,与一个超感性世界的"聚焦点"联系起来。

由此可见,想象力—理性的一致,并不仅仅是被假定的:它事实上是**被产生的**,从不一致中被产生的。这就是为什么与崇高的情感相对应的共通感不能脱离某种作为其起源活动的"文化"。①正是在这个起源当中,我们学习了关系到我们命运(destinée)的最主要的东西。实际上,理性的诸理念从思辨角度来看是未规定的,从实践角度来看却是被规定的。这已经是无限者的数学的崇高与力量的力学的崇高之间的差异原则(一个从认识职能的角度使理性发挥作用,一个则从欲求职能的角度使理性发挥作用)。②因此,在力学的崇高中,我们诸职能的超感性使命就表现为**一种道德存在的预先注定**(pré-destinée)。崇高感是在我们身上以这样一种方式被产生出来的:它准备了一个更高的合目的性,并且是通过道德法则的降临为我们自己作了这样的准备。

起源的观点

困难在于为美感找到相似的起源原则。因为在崇高中,一切都是主观的,诸职能之间的主观关系。崇高只有通过投射才能把自己与自然联系起来,而这一投射被实现在自然中存在的无形的或变形的东西上。在美中,我们也面临一种主观的一致,但这种一致是在有客观的形式的情况下形成的。所以关于美,就产生了

---

①《判断力批判》,第 29 节。("文化"原文为"culture",也译为"教养"。——校者注)

②《判断力批判》,第 24 节。

一个演绎的难题,这个难题在崇高中不会产生。① 关于崇高的分析把我们带到了这样一条路上,它向我们呈现了某种共通感,而这一共通感不仅仅是被假定的,而且还是被产生出来的。但美感的起源提出了一个更为棘手的难题,因为它要求一种具有客观后果的原则。②

我们知道审美愉悦是完全无利害关系的,因为它丝毫不关涉客体的存有。美不是一种理性旨趣③的客体。**但它可能以综合的方式统一于某种理性的旨趣**。让我们假定它可能是这样的:审美愉悦一直是无利害关系的,但统一它的那种旨趣可以充当"可传达性"或那种愉悦的普遍性的起源的原则;美也一直是无利害关系的,但以综合的方式统一它的那种旨趣,可以充当作为共通感的美感的起源的规则。

如果康德的论点就是如此,那么我们就应该探寻那统一美的究竟是哪一种旨趣。我们首先想到的是经验的社会性旨趣,它如此经常地与美的客体相关联,并能够产生某种愉快的品味或可传达性。但显而易见的是,美只是后天地而非先天地与这样一种旨趣相关联。④ 只有一种理性的旨趣能够回应先前的那些要求。但是一种理性的旨趣在这里能够由什么构成呢?它不能涉及美本

---

① 《判断力批判》,第30节。

② 由此得出《判断力批判》中对崇高的分析的位置。

③ "旨趣"原文为"intérêt",原意为"利益、利害、兴趣",注意它与前文"有利害关系的"(intéressé)和"无利害关系的"(désintéressé)之间的关系。——校者注

④ 《判断力批判》,第41节。

身。它只涉及能够产生美的形式——即能在想象力中被反思的形式——的自然的禀赋(自然呈现出这种禀赋,甚至在人类的眼睛很少能达到有效反思它们的地方:例如海底)。① 因此,统一美的旨趣不是涉及美的形式本身,而是涉及一种**质料**(matière),这一质料被自然用来生产一些能在形式上被反思的客体。因此,当康德首先说颜色和声音本身不是美的,随后又接着说它们是"美的旨趣"的客体时,我们不会感到惊讶。② 另外,如果我们探求究竟是哪一种原料(matière première)出现在美的自然的形态中时,我们会发现,它涉及一种流动的质料(这是质料最古老的状态),它的一部分分离或挥发了,剩余的部分则迅速固化(参见晶体的形成)。③ 换言之,美的旨趣既不是美的不可或缺的部分,也不是美感的不可或缺的部分,而是关系到自然中的美的生产,并且它可以在这种名义下充当美感本身在我们身上的起源的原则。

整个的问题就在于,这一旨趣属于哪一类? 到现在为止,我们通过必然服从某种高级职能的客体种类定义了理性的旨趣。但并没有哪类客体服从感觉职能。感觉职能的高级形式仅仅指我们诸能动的职能之间主观的和自发的和谐,其中没有任何一种职能为客体立法。当我们思考那些能生产美的形式的自然物质禀赋时,我们不能由此推论出这种自然必然服从我们多种职能之一,而只能推论出它与我们全部职能整体上的**偶然一致**。④ 此外,

---

① 《判断力批判》,第 30 节。
② 《判断力批判》,第 42 节。
③ 《判断力批判》,第 58 节。
④ 《判断力批判》,"导论",第 7 节。

当自然生产美时,我们去探寻自然的某种目的,那是徒劳的。流动的质料的沉淀可以用纯机械论的方式来加以解释。自然的禀赋由此呈现为一种无目的的能力,只是碰巧适合于我们诸职能的和谐运行。① 这种运行的愉悦本身是无利害关系的。**只不过我们因自然的产物与我们无利害关系的愉悦之间的偶然一致而体验到了一种理性的旨趣**。② 这就是理性的第三种旨趣:对它的界定,不是通过必然的服从,而是通过自然与我们诸职能的偶然一致。

自然中的象征主义

美感的起源是如何得到呈现的呢?自然的自由的质料,颜色、声音,似乎确实都不仅仅与知性的规定概念相关联。它们溢出了知性,它们"引起思考"的东西要远远多于概念所包含的内容。例如,我们不仅把颜色与直接应用于其上的某个知性概念关联起来,我们还将它与**完全不同的另一个**概念关联起来,后者没有自己的直观对象,但又与知性的概念相类似,因为它通过与直观的对象类比的方式提出自己的对象。**这另一个概念是理性的一个理念**,它只有在反思的视角下才与前者相似。由此,白色的百合花不仅仅与颜色的概念和花的概念相关联,还会唤起纯洁的理念,其对象只是一种对百合花的白色的(反思性)类比。③ 由此

---

① 《判断力批判》,第 58 节。
② 《判断力批判》,第 42 节。
③ 《判断力批判》,第 42、59 节。

理念是在自然的自由质料中间接呈现的对象。这种间接呈现被称为**象征主义**,它是美的旨趣的规则。

由此产生了两个后果:知性本身经历了其概念以一种无限的方式的拓展;想象力从仍然囿于图型化的知性的束缚中解放了出来,能够自由地反思形式。自由的想象力与未规定的知性之间的一致,由此不再仅仅是被假定的:它在某种程度上是被美的旨趣所激发、激活和产生的。感性自然的自由质料象征着理性的理念;由此它允许知性的自我拓展,想象力的自我解放。美的旨趣证明了我们所有职能的**超感性的统一性**,就像一个"超感性的聚焦点",由此带来了诸职能自由的、形式上的一致或它们主观的和谐。

所有职能的未规定的超感性统一性,以及由之而来的自由的一致,都是灵魂的最深的东西。实际上,当诸职能的一致被诸职能中的一种(如思辨旨趣中的知性,实践旨趣中的理性)所规定时,我们就假定了这些职能**首先**能够有一种自由的和谐(依据美的旨趣),如果没有这一点,所有这些规定性都是不可能的。但另一方面,诸职能的自由的一致,应该**已经**使得作为被指定在实践的旨趣中或道德领域扮演决定性角色的理性现身。正是在这一意义上,我们所有职能的超感性使命都是某种道德存在的预先注定;或者说,作为诸职能的未规定的统一性的超感性观念,为那在实践中被理性所规定的超感性观念(作为自由的目的的原则)作了准备;或者说,美的旨趣蕴涵着一种成为道德存在的素质(disposition)。① 正如康德所言,**美本身是善的象征**(这也就是说,美

---

① 《判断力批判》,第42节。

感不是一种与善相混淆的感觉。在善与美之间也不存在任何分析性的关系,而只有一种综合性的关系,根据后者,美的旨趣促使我们成为道德的存在,预先给我们以道德性)。① 由此,诸职能的未规定的统一性和自由的一致,不仅构成了灵魂的**最深的东西**,而且为**最高的东西**,即欲求职能的至高地位的来临作了准备,同时它还使得认识职能向这种欲求职能的过渡成为可能。

艺术中的象征主义,或天才

的确,所有之前提到的一切(美的旨趣,美感的起源,以及美与善的关系)都只涉及自然美。所有这一切事实上都依赖于自然已经生产了美这一思想。② 所以艺术中的美似乎与善没有关系,艺术中的美感也不能从预先给我们以道德性的原则出发而被产生。由此康德说:那些离开博物馆转向自然美的人应该得到尊重……

除非艺术也以自己的方式接受由自然所提供的某种质料和法则的裁决。但在此,自然只能通过主体中天生的某种素质来行事。确切地说,天才正是这种天生的素质,自然通过它赋予艺术以一种综合的规则和丰富的质料。康德将天才定义为**审美理念的职能**。③ 初看起来,审美理念与理性理念是对立的:后者是一个没有直观可以与之完全相符的概念,前者是一个没有概念可以与

---

① 《判断力批判》,第 59 节。
② 《判断力批判》,第 42 节。
③ 《判断力批判》,第 57 节,"注释一"。

之完全相符的直观。但我们可以追问,是否这个颠倒的关系足以描述审美理念。理性理念超越了经验,要么是因为它在自然中没有与之对应的客体(例如,不可见的存在者),要么是因为它把自然的简单现象变成精神事件(死亡、爱……)。因此,理性理念包含着某种无法表达的事物。但审美理念超越了一切概念,因为它创造了对被给予我们的另一个自然的直观:这另一个自然的现象是真正的心灵事件、精神事件,是一些直接的、自然的规定性。①它"引起思考",它迫使我们思考。审美理念与理性理念完全是一回事:它表达了后者身上无法被表达的东西。因此它表现为一种"次级的"表象,次级的表达。正是由于这一点,审美理念尤其接近象征主义(天才也是通过知性的扩展和想象力的解放而行事的)。② 但审美理念并不是在自然中间接地呈现理念,而是在对另一个自然的富有想象力的创造中附带地表达了它。

天才不是鉴赏力,但它通过赋予艺术以灵魂和质料而**激发**艺术中的鉴赏力。从鉴赏的角度来看,存在着一些完美的但却是没有灵魂的即没有天才的作品。③ 因为鉴赏本身不过是自由的想象力与扩展的知性之间形式的一致。如果它不指向更高的层级,如指向某种正好能够扩展知性和解放想象力的质料,那么它就仍然是乏味的,没有生命的。想象力和知性在艺术中的一致只有通过天才才能富有生气,没有天才,它仍将是不可传达的。天才总是向另一个天才发出的一种呼唤,但在两个天才之间,鉴赏力成为

---

① 《判断力批判》,第 49 节。
② 同上注。
③ 同上注。

一种中介。当另一个天才还未出生时,它允许一种等待。① 天才表达了所有职能的超感性统一性,将它表达得栩栩如生。因此它提供了一个规则,在这个规则之下,关于自然中的美的结论,可以延伸到艺术中的美。不仅自然中的美才是善的象征,同样,在天才本身的发生学的综合规则之下,艺术中的美也是如此。②

因此,在鉴赏的**形式的**审美之外,康德加上了**质料的**元—审美(méta-esthétique)。其中两个主要的章节是关于美的旨趣和天才的,这一点证明了康德的浪漫主义。尤其是,在关于线条的和构思的审美即形式的审美之外,康德加上了关于诸质料即关于颜色和声音的元—审美。在判断力批判中,成熟的古典主义与刚刚诞生的浪漫主义找到了一个复杂的平衡点。

根据康德,理性的诸理念可能以不同的方式呈现在感性自然中,我们不能混淆这些不同的方式。在崇高中,呈现是直接的,但却是消极的,它通过投射来实现。在自然的象征主义或在美的旨趣中,呈现是积极的,但却是间接的,它通过反思来实现。在天才或在艺术的象征主义中,呈现是积极的,但却是次级的,并通过另一自然的创造来实现。在后面我们将看到,理念可以有第四种呈现模式,最完美的模式,它呈现在作为目的系统的自然中。

---

① 《判断力批判》,第49节。
② 与第49节相反,第59节("美作为道德的象征")对于艺术和对于自然都同样适用。

判断力①是一种职能吗？

判断总是一种复杂的操作，即把特殊归摄到普遍之下。有判断力的人总是有一技之长的人：一个专家，一个医生，一个法官。判断力蕴涵着一种真正的天赋，一种辨别力。② 康德是第一个在其技术性层面或其自身的独创性层面上来谈论判断力难题的人。在一些著名的段落中，康德区分了两种情况：要么普遍已经是被给予的、已知的，在这种情况下，只要应用它就够了，或者说，只要规定它要应用于其上的特殊就够了（"对理性的无可置疑的运用"，"规定性判断力"）；要么普遍是悬拟的，它本身应该被发现（"对理性的假设的运用"，"反思性判断力"）。③ 然而，这一区分比它看起来要复杂得多：它应该既从其意指的角度，也从实例的角度得到阐发。

第一个错误在于认为只有反思性判断才意味着一种发明（invention）。哪怕当普遍已经被给予时，也需要"判断力"去进行归摄。先验逻辑可能不同于形式逻辑，因为它包含着一些规则，这些规则意味着一个被给予的概念得以运用的条件。④ 但这些规则并不能化约为这个概念本身：要运用知性概念，还需要有图型，后

---

① "判断力"原文为"jugement"，也译为"判断"。——校者注
②《纯粹理性批判》，"分析论·论一般而言的先验判断力"。
③《纯粹理性批判》，"先验辩证论的附录：论纯粹理性诸理念的调节性运用"。
④《纯粹理性批判》，"分析论·论一般而言的先验判断力"。

者是想象力的一种发明行动，可以指明在什么条件下，一些特殊情况可以被归摄到那个概念之下。同样，图型法也已经是一种"艺术"（art），而这个图型，就是一个"适用某个法则的情况的"图型。因此我们可能会错误地认为知性通过自己来进行判断：知性对自己的概念不作其他运用而只作判断，但这一运用意味着想象力的一种独创行动，也意味着理性的一种独创行动（这就是为什么规定性的判断在《纯粹理性批判》中表现为理性的某种活动）。每一次康德谈到作为一种职能的判断力时，都是为了强调其行动的独创性，其产物的独特性。但判断总是意味着多种职能，并表达着这些职能相互之间的一致。当判断表达了在某个规定性的职能之下诸职能的一致时，也就是说，当它规定了某个服从首先作为立法者而提出来的职能的客体时，这个判断就叫作规定性的判断。由此，理论的判断表达了诸职能的一致，它规定了某个服从于立法的知性的客体。同样，存在着实践的判断，它规定了某种可能的行为是否服从道德法则：它表达了在理性的管辖之下，知性与理性之间的一致。在理论的判断中，想象力提供了某种服从知性概念的图型；在实践的判断中，知性提供了某种服从理性法则的模型。说判断规定了客体，说诸职能的一致是被规定的，说诸职能之一发挥着某种规定性的或立法的职能，所有这些说的都是一回事。

因此，重要的是确定与这两类判断——"规定性判断"和"反思性判断"——相对应的一些实例。例如一个医生可能知道什么是伤寒（概念），但却不能在特殊情况下认出它（做出判断或诊断）。我们会倾向于在诊断（它意味着一种天赋或一种艺术）中发现规定性判断的例子，因为概念在这里被设定为是已知的。但与一个被给予的特殊情况相比,这个概念本身不是被给予的:它是悬拟的或完全是未规定的。实际上,诊断是一个反思性判断的例子。如果我们要在医学中寻找规定性判断的例子,那么我们应该更多地想到治疗的决定:在治疗的决定中,与特殊的情况相比,概念实际上是被给予的,而困难在于应用这个概念(根据病情来决定禁忌,等等)。

确切说来,在反思性判断中存在着同样多的艺术或发明。**但这种艺术在这里是以另一种方式被划分的**。在规定性判断中,艺术仿佛是"隐藏着的":概念被给予了,或者是知性的概念,或者是理性的法则;因此存在着一种立法的职能,管理着或规定着其他职能的原初份额(apport),以至这种份额很难得到估价。在反思性判断中,从诸能动职能的角度看,没有什么是被给予的:只有粗糙的质料被呈现,确切地说,还没有被"表象"。因而所有能动的职能对于这种质料来说,都是自由的。反思性判断要表达的是所有职能之间**自由的和未规定的一致**。在规定性判断中仍然是从属性的、隐藏着的艺术,在反思性判断中变得明显,并自由地发挥着作用。我们或许能够通过"反思"来发现一个已经存在的概念;但反思性判断将更纯粹,因为对于被它自由反思的事物来说,没有任何概念,或者概念会(以某种方式)被扩展,变成无限定的、未规定的。

实际上,规定性判断与反思性判断并不是同类中的两种属。反思性判断显露并解放了在规定性判断中被隐藏的底部(fond)。而规定性判断,唯有通过这一活生生的底部,才已经是一种判断。若非如此,我们就无法理解为什么《判断力批判》被如此命名,尽管它所讨论的仅仅是反思性判断力。因为在一个规定性的和立法的职能之下,诸职能间被规定的任何一致,都必须以未规定的、自由的一致的存在及其可能性为前提。正是在这种自由的一致中,判断才不仅是独创的(在规定性判断中它已经是独创的了),而且显露出了其独创性的原则。依据这一原则,我们的职能在本性上不同,然而又具有一种自由的和自发的一致,由此使得它们有可能在其中一种职能的管辖之下依据理性诸旨趣的某一法则而发挥作用。判断总是独创的或不可还原的:这就是为什么可以说它是"一种"职能(独特的天赋或艺术)。它从来不包含在一种单独的职能中,而是存在于这些职能之间的一致中:要么存在于已经由它们当中扮演立法者角色的职能所规定的一致中,要么更深地存在于一种未规定的自由的一致中,后者构成了一般意义上的"判断力批判"的最终对象。

从美学到目的论

当认识职能在其高级形式中被把握时,**在这一职能中进行立**法的是知性;当欲求职能在其高级形式中被把握时,在这一职能中进行立法的是理性;**当感觉职能在其高级形式中被把握时,在这一职能中进行立法的是判断力**。① 这后一种情况与之前两种情况完全不同:审美判断力是反思性的,它不为客体立法,而只为自身立法。它并不是通过规定性的职能表达客体的某种规定性,而是表达与某个被反思的客体相关的所有职能之间的自由的一致。我们必须追问一下,是否存在另外一种反思性的判断力,或者是

---

① 《判断力批判》,"导论"第3、9节。

否诸职能间主观自由的一致,除了通过审美判断力就不能通过其他方式显现出来。

我们知道,理性**在其思辨旨趣中**形成了一些其意义只是调节性的理念。也就是说,从认识的角度来看,它们并没有被规定的客体,而是赋予知性的概念以最大的系统的统一性。它们并不因此就缺少一种客观的、尽管也是"未规定的"价值。因为除非它们向被从其质料或其特殊性角度考虑的现象那里借来一种相似的统一性,它们就不能把一种系统的统一性赋予那些概念。这种被承认为内在于现象的统一性,是**诸事物的终极统一性**(最大的、可能的多样性中的统一性的最大值,我们无法指出这一统一性将止于何处)。这一终极统一性只有根据一个**自然目的**的概念才能被构想。实际上,根据我们将其与这个统一性关联起来的对象,杂多的统一性要求在杂多性与规定的目的之间有一种关联。在这个自然目的的概念中,统一性总是仅仅被预设或被假定的,它与特殊的经验性法则的杂多性是可调和的。① 它也不表达理性由以成为立法者的行动。知性也不再立法。只有现象在其直观**形式**中被考察时,知性才为现象立法。因此,知性的立法行动(诸范畴)构成了诸**一般**法则,应用于作为**可能**经验对象的自然(一切变化都有原因……)。但知性绝对不是先天地规定现象的**质料**、**真实**经验的细节,或这样那样的对象的**特殊**法则。所有这一切都只能被经验地认识,并且它们相对于我们的知性而言仍然是偶然的。

---

① 《判断力批判》,"导论"第 5 节,另参见《纯粹理性批判》,"先验辩证论附录"。

一切法则都包含着必然性。但经验性法则的统一性,从其特殊性的角度来看,应该被思考为这样的统一性:只有一个**不同于我们知性的**知性才能必然地将其赋予现象。"目的"可以准确通过后果的表象而定义为原因的动机或基础。现象的终极统一性指向能够为其充当原则或基质的知性。在这种统一性中,整体的表象是作为后果的那个整体本身的原因(被定义为智性的和有意图的最高原因的直观的原型知性)。但如果我们认为这样的知性实际地存有着,或认为现象确实能够以这种方式被生产,那么我们就错了;这个原型知性表达了我们知性的特性,也就是说,我们自身无力规定特殊,我们只能依据某个最高原因的有意图的因果性原则来构想现象的终极统一性。① 正是在这一意义上,康德深刻改变了无限知性的独断概念(notion):原型知性只是无限地表达了我们知性的固有**界限**,在这一界限之外,知性在我们的思辨旨趣本身中,相对于现象,不再是立法者,"按照我的认识职能的特有构成,对于自然及其产物的可能性不能作别的判断,只能设想出一个按照意图起作用的原因。"②

因此,自然的合目的性与一种双重的运动联系在一起。一方面,(就其表达了现象的终极统一性而言)**自然目的概念源于诸理性理念**:"它把自然归摄在一种唯有通过理性才可设想的因果性之下。"③但无论如何,它不能与理性的理念相混淆,因为服从这种因果性的后果实际上在自然中已经被给予了:"这理念就具有了

---

① 《判断力批判》,第 77 节。
② 《判断力批判》,第 75 节。
③ 《判断力批判》,第 74 节。

与所有其他理念都不同的某种东西。"①与理性的理念不同,自然目的概念具有一个被给予的对象;与知性概念不同,自然目的概念并不规定其对象。实际上,它的出现是为了能够以未规定的方式,通过**想象力**来"反思"对象,而**知性**也是通过这一方式来"获得"与**理性**自身的诸理念相一致的概念。自然目的概念是一个反思的概念,它源于诸调节性的理念:我们的一切职能都与它相和谐,并达到了某种自由的一致,多亏了它,我们能够从其经验性法则的角度对自然进行反思。因此,目的论判断成为反思性判断的第二种类型。

另一方面,反过来,**从自然目的概念出发,我们规定了理性理念的一个对象**。理念本身可能并没有被规定的对象,但它的对象,通过与经验对象的类比,是可规定的。但只有当经验的对象本身呈现了这种自然的终极统一性,这种非直接的、类比的规定性(它与理念的调节性功能取得完美的一致)才是可能的。对于这种自然的终极统一性,理念的对象必须充当其原则或基质。同样,正是终极统一性的概念或自然目的的概念迫使我们把上帝规定为以一种知性的方式起作用的有意图的最高原因。在这一意义上,康德非常强调从自然目的论走向自然神学的必要性。倒过来的路径将是一条糟糕的路径,它所证明的是"颠倒了的理性"(这样一来,理念就有了一种构成性的作用,而不再是调节性的作用,目的论判断就被当作是规定性的了)。我们在自然中并没有找到有意图的神的目的,相反,我们从首先是自然的目的的那些目的出发,为它们补充了有意图的神的原因这个理念,以作为理

---

①《判断力批判》,第77节。

解它们的条件。我们并没有"强横专擅地"把种种目的强加给自然,相反,我们对在杂多性中经验性地认识的自然的终极统一性进行反思,以通过类比最终上升到最高原因的理念。①——这两个运动一起,定义了阐述理念的一种新模式,这是最后一种模式,它有别于我们之前分析过的两种模式。

目的论判断与审美判断之间的区别在哪里?我们可能认为,审美判断已经显露了一种真正的合目的性。但**它是一种主观的、形式的、排除一切**(主观的或客观的)**目的的合目的性**。这种审美的合目的性是主观的,因为它存在于诸职能间的自由的一致当中(由此有了《判断力批判》第34节中的"交互的主观合目的性"这一表达)。它可能使得对象的形式起了作用,但这种形式确切说来是想象力对于对象本身所反思的东西。因此,它客观上是这种合目的性的纯粹主观形式,排除了一切被规定的质料性目的(一个对象的美,不能根据其用途、不能根据其内在的完美性,也不能根据其与任何实践的旨趣的关系来评价)。② 有人会反驳说,正如我们已经看到的那样,自然以其质料的禀赋参与了美的生产,在这一意义上,关于美,我们应该已经谈论了自然与我们诸职能之间的偶然的一致。对于我们来说,那种质料的禀赋甚至是某种特定"旨趣"的对象。但这种旨趣却并不是美感本身的一部分,虽然它为我们提供了一个原则,根据这一原则美感可以被产生出来。因而在这里,自然与我们诸职能之间偶然的一致,仍然以某

---

① 《纯粹理性批判》,"先验辩证论附录:论人类理性的自然辩证法的终极目的";另见《判断力批判》,第68、75、85节。

② 《判断力批判》,第11、15节。

种方式外在于诸职能之间的自由的一致:自然只是给我们提供一个**外在的**契机以"抓住我们诸主观职能的关系中的内在的合目的性"。① 自然的质料禀赋不能构成一个自然的目的(否则就会与无目的的合目的性的观念相矛盾):"是我们好意地接受自然,**而绝不是自然向我们表示好意**"。②

这种合目的性,在这些不同的面貌下,是一个"审美表象"的对象。但我们看到,在这一表象中,反思性判断以多种方式求助于一些特殊的原则:一方面是作为这种判断基础的诸职能间的自由的一致(形式的原因);另一方面是作为质料或质料性原因的感觉职能——相对于它,判断力把一种特殊的愉快定义为高级状态;再一方面是作为终极原因的无目的的合目的形式;最后是对美的特别旨趣,作为 causa fiendi③,由它产生了在审美判断中得到合法表达的美感。

当我们思考目的论判断时,我们面对着合目的性的另一种完全不同的表象。它现在所关涉的是**客观的、质料的、包含着诸多目的的合目的性**。占支配地位的是自然目的概念的存有,它根据事物的杂多性,以经验的方式表达了事物的终极统一性。由此"反思"改变了其意义:不再是无概念地对对象的形式反思,而是这样一种反思概念,借助于它,我们对对象的质料进行反思。在这一概念中,我们的诸职能自由和谐地运行。但在这里,诸职能间自由的一致仍然包含在自然与诸职能间偶然的一致中。所以,

---

① 《判断力批判》,第 58 节。
② 《判断力批判》,第 58 节。
③ 拉丁文,意为"终极原因"。——校者注

在目的论判断中,我们必须考虑到自然确实向我们表示了好意(而且当我们从目的论回到审美时,我们要考虑到美的事物的自然生产**已然**是自然对我们的一种好意)。① 这两种不同的判断之间的差异就在于:目的论判断并不指向一些特殊的原则(除非在其运用或应用中)。它可能意味着理性、想象力与知性之间的一致,同时知性在这里不是立法者;但知性放弃其立法要求的那个点,完全是**思辨旨趣**的一部分,且依然被包含在**认识职能**的领域内。所以自然目的是一个"逻辑表象"的对象。在目的论判断本身中可能存在着反思的愉悦;我们不是因为自然必然服从认识职能而体验到愉悦,而是因为自然以偶然的方式与我们的诸主观职能相一致而体验到一种愉悦。但在这里,这种目的论的愉悦还是与认识混在一起了:它没有定义感觉职能作为感觉职能的高级状态,而毋宁是定义了认识职能对感觉职能造成的后果。②

为什么目的论判断并不指向某种特殊的先天原则,这一点很容易解释。因为审美判断已经为其作了准备,没有这个准备,它将仍是无法被理解的。审美的形式合目的性为我们作了"准备",以形成一个目的的概念,后者对合目的性原则进行了补充,使其完成,并将其应用于自然。正是无概念的反思本身为我们作了准备,以形成一个反思的概念。同样,关于目的论的共通感,也不存在起源的难题。目的论共通感是在思辨旨趣中被承认和预设的,它是逻辑共通感的一部分,但它以某种方式由审美共通感所引起。

---

① 《判断力批判》,第 67 节。
② 《判断力批判》,"导论",第 6 节。

如果我们细察那些与反思性判断的两种形式相对应的理性旨趣，我们将重新发现"准备"的主题，但却是另一种意义上的"准备"。审美展现了诸职能间自由的一致，它以某种特定的方式与对美的特定旨趣相关联，而这一旨趣注定将我们变成道德的存在者，因而为道德法则的降临或**纯粹实践旨趣**的至高地位做了准备。而目的论，从它这一方面，也展现了诸职能间自由的一致，这一次是在**思辨旨趣**本身中展现的：在立法的知性所规定的诸职能的关系"之下"，我们发现了所有这些职能之间的自由的和谐，从这里，认识获得了它自己的生命（我们已经看到，在认识本身中，规定性判断暗含着一个只有通过"反思"才会显露出来的活生生的底部）。因此应该认为，反思性判断总体上使得从认识职能向欲求职能的过渡、从思辨旨趣向实践旨趣的过渡成为可能，并为前者从属于后者作了准备；同时，合目的性也使得从自然向自由的过渡成为可能，或为自由在自然中的实现作了准备。①

---

① 《判断力批判》，"导论"，第3、9节。

结　论：理性的目的

Conclusion：Les fins de la raison

关于诸职能的学说

这三个批判呈现了一种真正的排列系统。首先,各个职能都依据一般表象的关系而被定义(认识、欲求、感觉)。其次,它们被定义为诸表象的源泉(想象力、知性、理性)。随着我们考察第一种意义上的某种职能,第二种意义上的某个职能就被召唤来为客体立法,并为其他职能分派**特定的**任务:认识职能中的知性,欲求职能中的理性,就是这样的。的确,在判断力批判中,想象力就其自身而言还没有获得立法的功能,但是它自我解放了,因而所有的职能整个都进入了一种自由的一致中。因此前两个批判阐明了由诸职能之一规定了的诸职能间的关系,最后一个批判更深入地发现了诸职能间自由的、未规定的一致,即一切规定的关系的可能性条件。

这种自由的一致以两种方式表现出来:**在认识职能中**,是由立法的知性所假定的底部;就其自身而言,是某种预先让我们服从于立法的理性或欲求职能的根源。它也是灵魂中最深的东西,但却不是最高的东西。**最高的东西**,是理性的实践旨趣,后者与欲求职能相对应,认识职能或思辨旨趣本身服从于它。

康德关于诸职能学说的独创性就在于:它们的高级形式从不会把它们从它们的人类限度中抽离出来,也不会消除它们在本性上的差异。正是因为它们是特别的和有限的,第一种含义上的职能才达到了一种高级形式,第二种含义上的职能才担当起立法的角色。

独断论断言了主体与客体之间的和谐,并求助于上帝(它拥有无限的职能)来保证这种和谐。前两个批判将其替换为客体对"有限的"主体——即处于自己的限度本身之内的我们,立法者——的必然服从的观念(甚至道德法则也是一个有限理性的事实)。这就是哥白尼式的革命。① 但从这一视点出发,判断力批判似乎突出了一个特别的困难:当康德在诸职能的被规定的关系之下发现一种自由的一致时,他难道不是重新引入了关于和谐和合目的性的观念吗?引入的方式有两种:通过诸职能间所谓的"终极的"一致(主观的合目的性);通过自然与诸职能本身之间所谓的"偶然的"一致(客观的合目的性)。

然而,根本的东西不在于此。根本的东西在于,判断力批判提供了一种关于合目的性的新理论,它与先验的视点相称,并与立法的观念取得完美的一致。就**合目的性不再有一种神学的原则,反而神学有了一种"终极的"人类基础**来说,这一任务完成了。由此得出判断力批判的两个重要论点:诸职能间终极的一致是一个特殊起源论的对象;自然与人的终极关系,是人类特有的实践活动的结果。

---

① 参见维耶曼先生(M. Vuillemin)对"构成性的限度"的评论,收入《康德的遗产与哥白尼式的革命》(*L'héritage kantien et la révolution copernicienne*)。

关于目的的理论

目的论判断,并不像审美判断一样,指向一个充当其反思的先天基础的原则。它也需要审美判断为自己作准备,且自然目的的概念首先必须以无目的的合目的性的纯粹形式为前提。但反过来,当我们到达自然目的的概念时,就产生了一个对于目的论判断而非审美判断而言的难题:审美交给鉴赏来决定什么对象应该被判定为美的,而目的论则相反,它要求一些规则来指明一些条件,我们在那些条件下,依据自然目的的概念来判断事物。① 因而推理的顺序是这样的:从合目的性的形式到自然目的的概念(它从其质料或其特殊法则的视角表达着诸客体的终极统一性);从自然目的的概念到其在自然中的应用(它对于反思来说表达着哪些客体应该根据这个概念而被判断)。

这种应用是双重的:要么我们通过在原因的因果性中引入后果这一观念的方式(比如,沙土作为对松林而言的手段),将自然目的的概念应用于两个客体之上,一个是原因,一个是后果。要么我们通过引入整体——不是作为事物存有的原因("因为这将是艺术的产物"),而是作为从反思的角度来看作为自然产物的、它的可能性的基础——这一观念的方式,将其应用于作为一个同时是原因和后果的事物,换言之,应用于这样一种事物,其组成部分在其形式和其关联中相互生产(被组织,自我组织)。在第一种情

---

① 《判断力批判》,"导论",第 8 节。

况下,合目的性是外在的;而在第二种情况下,合目的性是内在的。① 但这两种合目的性有着复杂的关系。

一方面,外在的合目的性就其自身而言是纯粹相对的和假设的。为了使其不再如此,我们必须能够规定一个最后目的,而这是不可能通过对自然的观察来实现的。我们只能观察到一些手段,与其原因相比,它们已经是目的,但与其他事物相比,它们仍然是手段。因而我们不得不使外在的合目的性从属于内在的合目的性,换言之,不得不认为:一个事物只有在其所服务的目的本身是某种有机的存在者时才是一个手段。②

但另一方面,内在的合目的性会不会反过来也指向某种外在的合目的性,会不会也提出最后目的的问题(这一问题似乎是不可解决的),这一点是值得怀疑的。实际上,当我们将自然目的的概念应用于有机的存在者时,我们通向了这样一种观念:即整个自然是一个遵循着目的规则的系统。③ 从这些有机的存在者出发,我们回到了这些存在者之间的外在关系,这些关系可能布满了整个宇宙。④ 但确切说来,自然只能根据一个最后目的才能形成这样的系统(而不是一个简单的集合体)。但很显然,没有任何有机的存在者能构成这样一种目的;甚至作为动物之一的人来说尤其如此。因为最后目的意味着某种作为目的的东西的**存有**,但

---

①《判断力批判》,第 63-65 节。

②《判断力批判》,第 82 节。

③《判断力批判》,第 67 节。(很难完全相信,根据康德,外在的合目的性会绝对从属于内在的合目的性。反过来,从另外一个视点来看,也是如此。)

④《判断力批判》,第 82 节。

有机存在者的内在合目的性只涉及它们的**可能性**,而没有考虑它们的存有本身是不是一个目的。内在的合目的性只提出一个问题:为什么某些现存事物会有这样或那样的形式？但这个问题完全没有解决另一个问题:为什么会有这种形式的事物存有？一个存在者,只有当它存有的目的是**它自身**时,这样的存在者才可能是所谓的"最后目的"。所以,最后目的的观念蕴涵着**终极目的**的观念,它超越了我们在感性自然中的观察的一切可能性,是我们一切反思的源头。①

自然目的是可能性的基础;最后目的是存有的一个理由②;终极目的是自身拥有存有理由的一种存在者。**但什么是终极目的呢**？只能是能够为自己形成一个目的概念的存在者;只能是作为能够在自身中找到自己存有目的的理性存在者的人。是寻找幸福的人吗？不是,因为幸福作为目的完全没有解决如下问题:为什么会有人(以人要努力使自己的存有变得幸福这样一种"形式")存有？③ 是作为在进行认识的人吗？思辨的旨趣可能把认识设为目的,但是,如果进行认识的人的存有不是已经是终极目的,作为认识的目的就什么也不是。④ 通过认识,我们仅仅从反思的角度形成了一个自然目的的概念,而不是一个终极目的的观念。在这种概念的帮助下,我们或许能够间接地、以类比的方式规定思辨理念的对象(作为自然的有智慧的作者的上帝)。但是,

---

① 《判断力批判》,第 82、84 节。
② "理由"与"理性"原文是同一个词"raison"。——校者注
③ 《判断力批判》,第 86 节。
④ 同上注。

"为什么上帝创造了自然?"仍是完全无法以这一规定性去理解的问题。正是在这一意义上,康德不断提醒我们,自然目的论不足以作为神学的基础:我们通过这条道路所到达的关于上帝的理念的规定性,只能给我们提供一个意见,而不给我们提供一种信仰。① 总而言之,自然目的论让某种有智慧的创造者的原因概念具有了合法性,但这只是从现存事物的**可能性**角度来看的。在创造行动中的终极目的的问题(世界的**存有**与人本身的存有有什么用的问题)超越了一切自然目的论,甚至也不能通过自然目的论来构想。②

"终极目的仅仅是我们实践理性的一个概念。"③道德法则事实上规定了一个无条件的目的(but)。在这个目的中,正是理性把自身当成目的(fin),正是自由必然给自己提供一个作为由这一法则规定的最高目的的内容。对于"什么是终极目的"的问题,我们应该回答:是人,但是是作为本体和超感性存有的人,作为道德存在的人。"**关于作为一个道德存在者的人,就不能再去问:他是为了什么而存有的**。他的存有在自身中就含有最高目的……"④这种最高目的就是理性存在者在道德法则下的组织,或作为(本身就被包含在理性存在者中的)存有理由的自由。这里出现了一种**实践的合目的性**和一种**无条件的立法**的绝对统一性。就实践的合目的性连同其法则在我们自己身上先天地得到规定而言,这种

---

① 《判断力批判》,第 85、91 节,以及"对于目的论的总注释"。
② 《判断力批判》,第 85 节。
③ 《判断力批判》,第 88 节。
④ 《判断力批判》,第 84 节。

统一形成了"道德的目的论"。①

因此,终极目的在实践上是可规定的和被规定的。然而,根据第二批判,我们知道,这种规定性是怎样反过来引出一种关于上帝(作为**道德的作者**)这一理念的实践上的规定性的——没有这种规定性,终极目的甚至不能被认为是可实现的。无论如何,神学总是建立在一种目的论基础上的(而不是相反)。但刚才我们从自然目的论(反思的概念)上升到了自然神学(调节性理念的思辨规定性,作为**有智慧的**作者的上帝);如果这种思辨的规定性与简单的调节取得了一致,那恰恰是因为它完全是不充分的,仍然要以经验为条件,而且关于神的创造的终极目的,它没有告诉我们任何东西。② 现在相反,我们先天地从实践的目的论(实践地规定终极目的的概念)走向道德神学(作为信仰对象的**道德的**上帝理念的实践的、充分的规定性)。我们并不认为自然目的论是无用的;正是它推动我们去寻找一种神学,但它没有能力真正提供这种神学。我们更不认为道德神学"完成"了自然神学,也不认为诸理念的实践规定性完成了思辨的、类比的规定性。事实上,前者根据**理性的另一种旨趣**对后者进行了补充。③ 正是从这另一种旨趣的视点出发,我们把人规定为终极目的,并且是对于神的整个创造来说的终极目的。

---

① 《判断力批判》,第 87 节。
② 《判断力批判》,第 88 节。
③ 《判断力批判》,"对于目的论的总注释"。

历史或实现

最后一个问题是:终极目的如何也成为自然的最后目的?也就是说:只有在其超感性的存有中或作为本体才是终极目的的人,如何能够成为**感性自然**的最后目的?我们知道,超感性世界应该以某种方式统一于感性世界:**自由概念应该在感性世界中实现由其法则所强加的目的**。这种实现只有在两种条件下才是可能的:神性的条件(理性理念的实践规定性,它使至善作为感性世界与超感性世界、幸福与道德性之间的一致成为可能);世俗的条件(审美和目的论中的合目的性,它使得至善本身的实现成为可能,也就是说,使感性与一种更高的合目的性的一致成为可能)。因此,自由的实现也是至善的实行:"在世界上把有理性的存在者的最大的福祉与他们身上的道德的善的最高条件统一起来。"①在这一意义上,**无条件的**终极目的要成为感性自然的最后目的,**其条件**是把终极目的作为必然能实现的目的、在它在这一自然中被实现之前就提出来。

就最后目的无非就是终极目的而言,它是一种根本性的悖论的对象:感性自然的最后目的是这种自然本身不足以实现的一种目的。② 不是自然去实现自由,而是自由的概念本身在自然中自我实现或实行。因此,自由和至善在感性世界中的实行意味着人所独创的一种综合活动:**历史**就是这种实行,但不应该将历史与

---

① 《判断力批判》,第 88 节。
② 《判断力批判》,第 84 节。

自然的简单发展混为一谈。最后目的的观念恰恰意味着人与自然的终极关系,但是这种关系只有通过自然合目的性才成为可能。就其本身并从形式上看,这种关系独立于感性自然,并应该由人来奠定和建立。① 终极关系的建立就是形成一种完美的公民宪法②:这种宪法是文化的最高客体,是历史的目的或更为名副其实的世俗的至善。③

这一悖论很容易解释。感性自然作为现象,其基质是超感性的东西。只有在这种基质中,机械论才能与感性自然的合目的性获得一致,前者关系到作为感觉的客体而本身是必然的东西;后者关系到作为理性的客体而本身是偶然的东西。④ 因此,这是超感性自然的一种**狡计**,感性自然不足以实现无论如何是"它的"最后目的,因为这个目的,就其应该被实行(即在感性中有一个后果)而言,就是超感性本身。"自然希望,人应该完全从自身出发来产生超出其动物性存在的机械安排的一切,而且仅仅分享他不用本能,只通过自己的理性为自己创造的幸福或者完善。"⑤因此,在感性自然与人的诸职能的一致中存在着**偶然性**,这是一种最高的先验外表(apparence),它掩盖了超感性的狡计。——但是,当我们谈到超感性在感性中的后果,或谈到自由概念的实现时,我

---

① 《判断力批判》,第 83 节。

② "公民宪法"原文为"constitution civile",也可译为"市民宪法"或"市民宪制"。——校者注

③ 《判断力批判》,第 83 节,以及《关于一种世界公民观点的普遍历史的理念》,命题 5-8。

④ 《判断力批判》,第 77 节。

⑤ 《关于一种世界公民观点的普遍历史的理念》,"命题 3"。

们绝不应该认为作为现象的感性自然是**服从**于自由或理性的法则的。这样一种历史观意味着各种事件是由理性规定的,由在作为本体的人身上**个别地**存有着的理性来决定的;那样的话,这些事件就表达了人们本身的某种"个人理性的计划"。① 但历史就如其在感性自然中表现的那样,向我们展示了完全相反的情景:纯粹的力量关系,各种倾向的对立,组成了一个既幼稚虚荣又荒唐不经的编织物。因为感性自然总是服从它自身的法则。但是如果它没有能力实现自己最后的目的,它至少应该有能力**服从它自身的法则**以使这个目的的实现成为可能。正是通过各种力量的机械作用和各种倾向之间的冲突(参见"非社会的社会性"),感性自然通过人本身,担负起了建立一个社会的任务,这个社会是最后目的能够历史地得到实现的唯一场所。② 因此,从个人理性计划的角度来看显得无意义的东西,可能先天是一种经验性地保证理性在人的**类框架**中得到发展的"自然的计划"。历史应该从类框架的角度而不是个人理性的角度来加以判断。③ 因而存在着自然的第二种狡计,我们不应该把它与第一种相混淆(二者一起构成了历史)。根据自然的第二种狡计,超感性自然希望,甚至在人身上,感性也会根据它自己的法则来行事,以便能够最终接受超感性的后果。

(夏莹 译 吴子枫 校)

---

① 《关于一种世界公民观点的普遍历史的理念》,"前言"。
② 《关于一种世界公民观点的普遍历史的理念》,"命题 4"。
③ 《关于一种世界公民观点的普遍历史的理念》,"命题 2"。

附　录：康德四讲[①]

Cours sur Kant

① 接下来的"康德四讲"是德勒兹 1978 年 3—4 月在万森纳（即现在的巴黎八大）四次讲课录音的整理稿（只有第一讲有标题，其他三讲只有讲课时间），根据德勒兹主页（www.webdeleuze.com）上这四次整理稿的法文版译出，并参照英文版进行了校对，对法文版的一些疏漏作了修改或补足。——校者注

第一讲：1978年3月14日 综合与时间

我们要重返康德。或许这会是你们去翻看、阅读或重读《纯粹理性批判》的一次机会。毫无疑问，伴随这种批判观念而来的，是哲学中的一次重大事件。当我们这次进入或回到这部著作时，我已经隔了很久没有读它了，为了你们，我又进行了重读。尽管如此，它仍然是一种完全沉闷的哲学。萦绕其间的是一种极端的氛围。而如果我们坚持下去，重要的首先不是去理解，重要的是把捉到这个人的节奏、这个作者的节奏、这种哲学的节奏。如果我们坚持下去，所有这种笼罩在我们头上的北方的迷雾就都会消散，而在它下面有一座惊人的建筑。当我对你们说，一位伟大的哲学家就是一个发明概念的人时，那么在康德这里，在这团迷雾里，却运行着一架思想的机器，一种殊为惊人的概念的创造。可以说，康德主义为哲学带来的全部创造和新颖性，都围绕着某种关于时间的难题和一种全新的时间观。关于这种时间观，我们可以说，当康德制订它，也就是说，当他努力去规定一种与古典的或者古代的时间意识相对立的、现代的时间意识时，这对后来发生的一切都是决定性的。

为什么是康德创造了这种关于新的时间意识的哲学概念，并使它的哲学表达成为可能，这对我们来说无关紧要，或者并不引起我的兴趣。但我要说的是，正是这样一种时间意识同康德一道获得了哲学性地位,而且这种意识是全新的。我会按序号进行,因为我一直觉得每个序号都对应着一种概念类型。而且,再一次,如果你们在这些课程的最后能够同意我说,一个哲学家,他确实就是这么回事:他不比一个画家或者一个音乐家更少创造性,只是他在一个可以规定为概念的创造的领域里从事创造,那么我会很高兴的。

首先,康德把先天理解成什么?他拿来与后天相对立的是什么?这都是些当时通行的字眼。有时候必须发明一些新字眼,康德创造"先验的"这个概念(notion)时就是这样的。这是一个很奇怪的概念,先验的主体……,你们可能会跟我说这个词早就存在了,但是人们很少用,而且它跟"超验的"这个普通的词没有任何区别。当康德赋予它一种很特殊的意义——先验的主体——时,他几乎就创造了一个新词……而就先天和后天来说,康德是借来了一个词,但完全革新了它的意义。

先天,它的第一个规定性是说:独立于经验,不依赖于经验,与在经验中被给予或可被给予的"后天"相对。什么是先天?注意我没有问:有没有先天,即有没有独立于经验的东西?存有的问题是第二位的,首先要知道一个东西是什么,才能谈论或回答存有的问题:它是不是存有?我说的是,如果有这样的东西,那么这种独立于经验因而不能在经验中被给予的东西是什么?到此为止都没什么复杂的,康德很快就回答了这个问题:这种意义上的先天,就是普遍的东西和必然的东西。所有必然的和普遍的东西都被称作是先天的。为什么?因为这满足了先天的第一个条件:不在经验中被给予,因为根据定义,经验只给予我们特殊的和偶然的东西。普遍的和必然的东西的表达,必然总是这样的:或者是使用某些将来时,或者是一些类似"每一次……都……"这样的表达——每一次我把水加热到100摄氏度,它就会沸腾。长久以来哲学家们都是这么说的:这里面有一些不在经验中被给予的东西——那是什么?就是这些表达:"总是""必然",甚至这个将来时①。经验给予我的东西,严格来讲是:每当我真的把水加热到一百摄氏度,它就沸腾了,但"水在100摄氏度时一定会沸腾"这个提法、这个必然性不是经验的对象。同样,如果我说"经验的所有对象",我有权利这么说吗?我甚至不知道"经验的所有对象"是不是无意义的。假设它并不是无意义的,"经验的所有对象"也不是在某种经验中被给予的,原因很简单,因为经验是[录音不清]所以我们总能获得一个总和,一个我们所经验过的对象的累加,但这个总和是未定的。

所以,普遍的和必然的东西,根据定义不能在经验中被给予,因为经验总是特殊的和偶然的。因此这就为我们给出了先天的第二个规定性:先天,首先是独立于经验的东西;第二点,它是普遍的和必然的东西。

第三点:我们如何能定义它,这种普遍的和必然的东西?这里就已经有某种非常非常微妙的东西了。说某种东西独立于经验,这并不妨碍这种东西或许能应用于经验,且只能应用于经验。应用的问题是完全不同的问题。当我说"水在100摄氏度时总是会沸腾"时,我并不知道这个"总是"是从哪来的,因为它不是经验给予我的;我并不知道这个必然性的观念是从哪来的,因为它也不是经验给予我的。但这并不妨碍"总是"被应用于水、100摄氏度、沸腾,以及所有那些在经验中被给予的东西。所以,让我们假

---

① 上文所举例子的动词"沸腾(bouillira)"用的是将来时。——校者注

定,先天的东西本身是独立于经验但应用于经验对象的东西。换言之,普遍和必然可以用来言说经验的对象。什么是普遍的和必然的?这些能言说经验对象的普遍和必然都是什么?在这里就引入了哲学中一个著名的概念(notion),范畴的概念。不少哲学家甚至做出了或提出了我们称之为范畴表的东西。在亚里士多德那里就有一张著名的范畴表。在康德——他并非没受到过亚里士多德的强大影响——那里也有另一张范畴表。什么是一个范畴?范畴在哲学中并不是无所谓的东西,它与其他领域中的科学概念是同样严格的。我们称之为范畴的东西,是一种普遍的谓词——你们愿意的话也可以叫属性,即一个可以赋予、谓述或者言说所有对象的谓词。"所有对象"这个概念很古怪。我说"这朵玫瑰是红色的",这是什么意思?这并不复杂,"这朵玫瑰是红色的",这是两个概念(concept)——即玫瑰和红色——之间的一种关系。而如果我问,这里面有什么东西是普遍的或必然的吗?我可以回答:没有。并非所有的对象都是玫瑰,并非所有的玫瑰都是红色的,并非所有的红色都是玫瑰的颜色。我可以说有一个对于红色玫瑰的经验,这个经验是特殊的、偶然的、后天的,像所有经验一样。对比"这朵玫瑰是红色的"这个判断和另一个判断"对象有一个原因",甚或"玫瑰有一个原因",我们随即就看到一种差别:玫瑰的概念定义了我们称之为一个"类"的作为后天概念的东西;玫瑰的概念定义了一个类或一个集合。红色是这个集合的一个子集——即红色玫瑰这个子集——的一个特性。我可以根据它所排除的东西并联系它所排除的东西——所有不是玫瑰的东西——来定义一个集合。玫瑰的集合是从花的集合这个更大的集合中切下来的,而且我们可以把玫瑰的集合和剩下的东西,即所有那些不是玫瑰的花,区分开来。

当我说"所有对象都有一个原因"时,难道我不是进入了一个完全不同的领域吗?显然如此,我完全进入了一个不同的领域,因为"有一个原因"是一个应用于所有可能经验对象的普遍性谓词,以至于我甚至没有必要这样说——或者我相信,不过这也没什么两样,因为"我相信"将成为一个需要分析的行动——我相信,如果一个未知的对象在经验中出现在我眼前,如果它没有一个原因的话,它就不会是一个对象了。"有一个原因"或"被引起"(être causé)是与"红色"这个谓词完全不同类型的谓词。为什么?因为对"被引起"这个谓词,经过反思,我们甚至可以问:它是一个谓词呢,还是别的东西?"被引起"这个谓词是所有可能经验对象的谓词,以至于它不会在经验中定义一个集合或子集,因为它与可能经验的总体(totalité)是严格地同外延的。

而且,应该倒过来。当我说可能经验的总体可能没有意义时,现在人们回答说:可能经验的总体本身没有任何意义,但这恰恰是因为存在着能赋予所有可能对象的谓词,所以它们不仅仅是一些谓词,它们就是康德称之为条件的东西,即可能经验的条件。正是通过经验的条件的概念(notion),可能经验的整体(tout)的理念才获得一种意义。存在一个可能经验的整体,是因为存在着可赋予所有可能对象的谓词或伪谓词(pseudo-prédicats),这些谓词,明确地说,就是我们称之为范畴的东西。我来引述一些康德的范畴的例子:

单一性,复多性,全体性(在康德这里,它们以三分法出现)。
实在性,否定性,限定性。

实体,原因,相互性。

我就举这些。为什么这些是范畴,而红色、绿色这一类谓词不是?它们是范畴或可能经验的条件,只是因为如下原因:如果一切对象只有当其被设想为一(un)同时也被设想为多(multiple),既具有某个众多性的统一体的一些部分,又由此而形成一个全体性时才是一个对象,那么一切对象,不论它是什么,就都具有一种实在性。另一方面,它排除它所不是的那些东西:否定性;且由此它就有了一些界限:限定性。一切对象,不论它是什么,都是实体;一切对象,不论它是什么,都有一个原因,且其本身又是其他东西的原因。

现在就足以这样说了:我关于对象的概念是以这样一种方式形成的,即如果我遇到某个不能将范畴赋予它的东西,那么我就会说它不是一个对象。因此这就是先天的最后一个规定性:它们是可能经验的条件,即与经验谓词或后天谓词相对立的普遍的谓词。

我可以用最简单的方式,将范畴定义为任意对象的谓词。所以你们自己也可以根据自己的脾气和自己的个性列出你们的范畴表……最好可以看看是不是所有人都碰巧有同样的范畴表。无论如何,你们都没有权利在词语上弄虚作假。列出你们自己的范畴表,就是去问你们自己,对我来说任意对象的谓词是什么?我已经给出了有九个范畴的范畴表,实际上对康德来说有十二个范畴,不过我留下了三个以后再说。你们可以看到:单一性,复多性,全体性;肯定性,否定性和限定性;实体,原因,相互性或共联性。总结一下第一点:我指出,这些范畴作为任意对象的谓词是先天的,并且它们是可能经验的条件。你们要理解,正是通过范畴,可能经验的概念才有了意义。

对于"可能经验的整体有什么意义吗"这个问题,如果我们还停留在后天的思考步骤中,它就没有任何意义。因为在一种后天的思考步骤中,我被引导着去做一种加法:玫瑰、玫瑰以外其他的花、不是花的植物、动物,等等。我可以一直这样加下去直至无穷,却没有任何东西能告诉我我有了一个可能经验的整体。相反,经验根本上是碎片化的,它反对总体化。如果说康德提出了这个关于可能经验总体的全新观念,这是因为可以这样来定义、这样来言说:是的,存在这么一个层面,在其上可能经验总体可能取得某种意义,这恰恰是因为存在着能够赋予所有事物的普遍谓词,即能赋予任意对象的谓词。因此,正是先天为可能经验的总体概念奠定了基础。除了范畴以外,还有没有其他先天的东西,即普遍的和必然的东西? 答案是肯定的,它们就是空间和时间。实际上,所有对象都在空间中、在时间中,或者至少在时间中。但你们紧接着就会问我:很好,但为什么不把空间和时间当成范畴呢? 为什么不把空间和时间当作两个范畴加进来呢? 实际上空间和时间看上去也好像是谓词。很明显,康德有着最严肃的理由不去区分范畴和时空,但他却坚持要作这种区分。于是有了两类先天要素:诸范畴,空间和时间。为什么他不愿让空间和时间也成为范畴的一部分呢? 我来简短地解释一下,这在后面会变得更清楚:这是因为作为可能经验谓词的范畴是一些概念,而康德从根本上认为,范畴是一些先天表象,一些先天表象或先天概念,而空间和时间则是一些呈现①。这里也有一些在哲学中很新颖的东西,即康德为了区分呈现和表象所做的努力。因此,在先天中有

---

① 关于"表象"和"呈现"的区分,可参考本书第12—13页。——校者注

两种要素。

我的第二点,是康德在另一个层面上的重要性,即在现象概念上的重要性,这也非常重要。在这里,康德对哲学到当时为止都通行地使用的一个词做了一种根本的改造。直到康德生活的年代,哲学家们谈论现象,是为了区分什么呢?很粗略地说,可以说现象就是作为外表的东西。一种外表。感性的东西,后天的东西。在经验中被给予的东西占据着现象或外表的地位,而感性的外表与理知的本质是相对的。理知的本质,即自在存在的物,是自在之物、物自身或作为思想的物。作为思想的物①,作为现象,是一个希腊词,指的恰恰是外表,或者还不知道是什么的东西;希腊文中作为思想的物,是本体(nouméne),意思就是"思想"(pensé)。因此我可以说,从柏拉图开始的所有的古典哲学,似乎都是在感性的外表和理知的本质这样一种二元论框架中发展起来的。

你们可以看到,这已经意味着主体的某种特定地位。如果我说存在着一些外表,也存在着一些本质,它们粗略来说就是感性的东西和理知的东西,这就意味着主体——认识的主体——的某种位置,也就是说:外表的概念本身就指向主体中的一种根本的缺陷。一种根本的缺陷,即:外表,它终归就是这样一种事物,即依据我的会对其造成歪曲的主观构造而向我显现之物。关于外表的著名例子:木棍在水中对我显得像是折断了。这就是被称为感觉幻相的丰富领域。所以若要达到物自身,就需要主体克服这种让它生活在外表之中的构造上的弱点。这就是柏拉图的主题:出离外表,重返本质。跟随康德而来,有如一声惊雷——在我们

---

①这里的"作为思想的物"原文如此。——译者注

总能自作聪明,甚至应该自作聪明以后——,跟随康德而来,出现了一种对现象概念的全新理解。现象不再全然是外表了。这种差异是根本性的,有了这种观念,哲学就足以进入一种新的要素。具体来说,我认为如果现象学有一个创立者的话,那么他就是康德。从现象不再被定义为外表而被定义为显象的那一刻起,就有了现象学。这里面的差别是巨大的,因为当我说显象这个词的时候,我所说的绝不再是外表,我也绝不会再把它与本质对立起来。显象,就是显现者,因为它显现出来了。仅此而已,这就是全部。我并不问那背后是不是还有什么东西,我也不问那是假的还是真的。显象绝不陷于对立的对子之中、绝不陷于外表与本质相区别的二元区分之中。

现象学自诩为关于显象本身的严格科学,也就是说,提出了这样一个问题:显象这回事到底意味着什么? 它是某种关于外表的学科的反面。显象,它指向什么? 外表是这样一种东西,它指向析取①关系中的本质;也就是说,在一种析取关系中,要么是外表,要么是本质。显象就很不一样了,它是某种指向显现者的条件的东西。从字面上看,概念的面貌(paysage)②整个发生了变化,

---

① "disjonction"(析取)和"conjonction"(合取)是德勒兹这一时期常用的一对概念,在《反俄狄浦斯》等著作中经常出现。德勒兹是在其逻辑的本义上使用它们的,即表示"或"的关系或"且"的关系,故而这里直接译作"析取"和"合取"。相应地,它们的形容词"disjonctif"和"conjonctif"则分别译为"析取的"和"合取的",其中"析取的"也即"选言的"。——译者注

② "面貌"原文为"paysage",字面意为"风景""景致"。用这个词来形容概念的构造,源于德勒兹独特的"哲学地形学"(géophilosophie)观念,这一点在其著作《什么是哲学》中表现得尤为明显。——译者注

难题绝不再相同了,这个难题变成了现象学的难题。康德把外表/本质这个析取对(couple disjonctif)替换成了显现者—显现条件的合取对(couple conjonctif)。其中的一切都是新的了。

用稍微现代一点的话说,我也可以说:康德是第一个把外表/本质的析取对换成显象/意义(显象的意义,显象的涵义)的合取对的人。不再有外表背后的本质,只有显现者的意义或无意义。请大家至少同意我这一点:即使我说的这些都还只是词句上的事情,它也是一种全新的思想氛围,以至于我可以说,就这一点而言,我们都是康德派。

很显然,在那个时代,思想换了基本概念(éléments)。人们长久以来都在用一些虽非来自基督教但却与基督教非常协调的术语——外表/本质的区分——来思想,而到将近18世纪末,可能因为有各种运动为之作了准备,一种根本的改变发生了:整个外表/本质的二元论——它在某种意义上暗示着一个被贬低的感性世界,甚至如果必要的话暗示着原罪——都被一种根本上全新的思想取代了:某种东西出现了,告诉我它的意义是什么,或者——这是同一件事——告诉我它的条件是什么。当弗洛伊德突然出来,说在意识领域中出现了某些现象,这些现象又指向什么时,弗洛伊德就是康德派。在何种意义上可以这么说?在一种非常广泛同时又非常严格的意义上,也就是说,就像康德那个时代以及此后时代的所有人一样,人们好像自发地以表示显象/显现的条件之间的关系,或显象/显现者的意义之间的关系的术语来思想,而不再以外表/本质的术语来思想。

如果你们看不到这种颠覆是多么骇人听闻,那么请你们注意,主体,在我提出的第二个对子中,主体的处境完全不同了。在外表/本质的析取对中，主体直接被迫根据一种与自己同体的（consubstantielle）脆弱性（fragilité）来把握外表，他需要一整套方法，需要一整套努力，来离开外表以达到本质。在另一种情况下，主体何以获得了一种全然不同的价值呢？这是因为，当我说所有显现都指向显象的显现条件时，我同时也就是在说，这些条件属于显象向其显现的那个存在者，换言之，主体是构成性的（constituant）——注意理解这一点，否则就会造成严重的误解——主体并非对于显象而言是构成性的、也并非对于向它显现的东西而言是构成性的，而是对于那些向它显现的东西由以向它显现的条件而言是构成性的。我的意思是说，用现象—条件或显象—条件的合取对，取代旧的本质—外表的析取对，保证了主体地位的一种上升，因为主体甚至构成了显象的条件，而不是构成了外表的局限性或外表的幻相，要为那些局限性和幻相负责。康德会说，确实有一个受制于外表且陷入感觉幻相的主体，我们可以称之为经验的主体，但还有另一个主体，它显然既不是你们也不是我，它不能化约为任何一个经验的主体，它因此就被命名为先验的主体，因为它乃是某物由以显现的所有条件的统一体。向谁显现？向每一个经验的主体显现。作为概念体系，这已经很好了。我希望你们能感到它达到了何种程度；这是一架了不起的机器。

为了总结第二点，我要做两点修正：康德处在某种东西的铰接点上，这比我所说的要更复杂，因为对于本质—外表的旧区分，他还保留了某些东西，而且实际上他总在说：不要把现象和物自身混为一谈；物自身是纯粹的本体，即它是只能被思想的东西，而现象则是在感性经验中被给予的东西。所以他还维持着现象/物自身（本体）这一析取的二元论。这也是外表/本质这一对子的二元论。不过他又从中超离出来,进入了另一种思想,原因很简单:他说物自身就本性来说①(或者是本体;物自身可以被思想,它因此是本体),但不能被认识。因此,如果要规定它,就要从完全不同于认识的视点来规定;我们并不能占据这个视点,或者至少只有在非常特殊的条件下才能占据它。

从认识的视点,或从所有可能认识的视点看,重要的是另一个对子:显象—显现的条件(显现这一事实的条件)。再一次,如果让我总结这个颠覆的话,它就在于用显象—条件或显象—显象的意义来代替外表—本质。

如果你们问我这些显象的条件是什么,那么幸而我们已经提前谈过这一点了,因为我们的第一点就回答了这个问题:显象的条件,即作为显现者的现象的条件,我们不要寻找现象背后的本质,而要寻找其显象的条件,那么,其显象的条件就是,一方面是一些范畴,另一方面是空间和时间。所有显现者都在空间和时间的条件、在范畴的条件下显现。正因为如此,一方面是空间和时间,另一方面是诸范畴,它们是一切可能经验的形式,并且它们不属于自在存在的物。而作为一切现象的形式,作为一切显象的形式,一方面是空间和时间,另一方面是诸范畴,它们是先验主体的不同维度。

时间已经到了,有没有什么问题?

理查·平阿斯:先验主体和经验主体之间的不同是如何划分的?为什么它与存在的领域如此不同呢?

---

①原文如此,此处应是"物自身就本性来说可以被思想"。——校者注

德勒兹:这不可避免地需要另一个概念。我们再从这个观念出发:现象等于显象。现象不是背后还有本质的外表,而是作为显现的东西的显现者。我还要补充一点:它向某个人显现——一切经验都是被给予某个人的。一切经验都与一个主体相关联,一个可能在空间和时间中被规定的主体。是在此时此地,我煮开了我的小平底锅、我点着了火。我可以说一切显象都向一个经验的主体或一个经验的自我显现。但并非一切显象都指向它背后的某种本质,而是指向制约其显现本身的那些条件。显象的条件——它们是形式,因为显象是在这些形式中或在这些形式下显现的——显象的条件,是空间、时间和诸范畴。也就是说,空间和时间是显现者的呈现形式,范畴是显现者的表象形式。

正因为如此,如果显象必须以一些条件为前提,这些条件不是其背后的客观本质,而是其向任意一个经验的自我显现的条件,我们就再也没有选择了:一切显象的形式条件就应该被规定为主体的诸维度,它们制约着显象向经验自我的显现。这个主体本身不能是一个经验的自我,而是一种普遍和必然的主体。正是为了这个主体,康德才感到有必要去锤炼或拓展那个到那时为止只有特别狭隘的神学运用的字眼,也就是感到有必要去发明先验这个概念。先验主体是所有显象的条件都与之关联的机关(instance),而显象本身是对经验主体显现的。这还不能很好地向你们说清楚什么是先验主体——你们还要再等一等,因为它与时间的难题有相当的牵扯。

要让一个小问题一下子变得具体(concret)——但不该要求连续不断的具体。有具体,也有具体的对立面;具体的真正对立面,不是抽象,而是谨慎(discret)。谨慎(discrétion)是思想的环节。我的目的就是抵达一种难以置信的(fabuleuse)的时间观。

孔特斯:[录音不清]

德勒兹:先天综合是我的第三点。毕竟总要从某一端开始。但是如果我从那里开始,我就要作完全另一番组织了。只不过在我看来,在我说过的所有东西里,我都没有预设综合判断的需要。

第三点:对于康德来说什么是综合?

通常都要区分两种判断类型,即我们所说的分析判断和综合判断。根据定义,我们把那陈述一个已经包含在主词中的谓词的判断称作分析判断,即如果一个概念包含在另一个当中,这两个概念之间就有一种分析关系。分析判断的例子:A 是 A——这是同一律。当我说"A 是 A"时,我并没有超出概念 A。我只是在用 A 谓述 A 本身,我把 A 赋予其本身,我不会有犯错的风险。"蓝色是蓝色",你们会对我说这走不远,这要看……因为当我问"物体是有广延的"是什么判断时,我们可能倾向于回答,这是个分析判断。为什么?因为如果我没有先在其中置入广延的概念,我就不能思想"物体"(corps)——它不是物(chose)——这个概念。所以当我说"物体是有广延的",我说出了一个分析判断。我觉得康德会说些非常狡黠的话:好吧,所有物体都是有广延的,这是个分析判断;反过来,"所有现象都在空间或广延中显现"是个综合判断,因为,如果"广延"概念确实包含在"物体"概念中,那么反过来,"广延"概念并没有包含在"现象"概念中,连"物体"概念也没有包含在"现象"概念中。

现在,让我们假设"所有物体都是有广延的"是一个分析判断。至少我们可以肯定一件事,这个分析判断可能什么用也没有,但它是真的。"A 是 A"是真的,任何人都不能否认"A 是 A"。在黑格尔式的辩证矛盾中,并不是说"A 是非 A",而是说"A 不是非 A",只不过物在其存在中包含着它所不是的那个非存在。因此,当我们说物的存在与否定之否定(不是……不是)不可分时,我们是在严肃对待"A 不是非 A"这个公式,但我们完全没有否认同一律。

在经验中,我们有一些综合判断,甚至正因为如此,我们才能认识事物。当我说"看,这朵玫瑰是红色的",这是一种相遇。"红色"乍看上去并没有包含在玫瑰的概念中,证据就是有的玫瑰不是红色的。你们会对我说,真蠢,因为"红色"难道不是包含在当下这朵玫瑰的概念中吗?这就复杂了,因为,有当下这朵玫瑰的概念吗?有关于单称事物(singulier)的概念吗?我们先把一点这放在一边。我们可以很粗略地说,显然,"这朵玫瑰是红色的",这是个综合判断。

你们可以看到它们是如何划分的。所有分析判断都是先天的,我可以撇开经验说一物是其所是。"A 是 A"是先天判断。乍看起来,综合判断就其性质来说似乎总是两个异质概念的结合(玫瑰和红色),它在两个异质概念之间建立了一种联系或一种综合,且正因此而是后天的。这种判断的形式是:"A 是 B"。在某种意义上——我很简短地说一下——康德以前的古典哲学,就像我刚才所说的那样,陷入了二元论的对子中,陷入了本质/外表的析取二元论中;至少表面上陷入了某种二元论:一个判断要么是先天的，那它就是分析的；要么是综合的，那它就是经验的或后天的。

要知道一个经验判断在哪些条件下可以是真的，这就变得很复杂了。有一种很著名且很奇妙的尝试，莱布尼茨的尝试——早于康德。为了建立真理的概念，他被驱使着去尝试证明：所有判断都是分析的，只是我们不知道而已；我们相信综合判断的存在，只是因为我们从来不能分析得那么远，即直到无限，所以我们才相信存在综合判断。但如果我们能把分析推到足够远，那么当我们老实地从一个概念出发断言另一个概念时，被断言的那个概念总是内在于并包含于我们如此断言的那个概念，以至于——由此产生了莱布尼茨的一些著名论点——"恺撒跨过了卢比孔河"，这个看上去完全是综合命题的命题，包含着两个表象之间的联系：恺撒跨过了卢比孔河，就在那一天，就在空间中的那一点，此时此地，这看上去简直就是后天综合的标签。莱布尼茨说，如果在恺撒的概念中已经有了"跨过了卢比孔河"的概念……恰恰是这个莱布尼茨，也是微积分（即无限分析的一种数学形式）的创立者之一，这难道是偶然吗？显然不是，这不是偶然。当他把"跨过了卢比孔河"当作一个包含在恺撒的概念里的谓词，就像广延包含在物体的概念中那样时，他是什么意思呢？显然，他势必也要卷入一种极其惊人的概念创造的"体操"中，因为接下来他就不得不拯救自由，他坚持这样做是出于他自己的一些原因。如果任何时候"他在此时此地跨过了卢比孔河"的概念都包含在恺撒的概念里，那么恺撒怎么能是自由的？莱布尼茨的这个命题即"只存在分析判断"，究竟意味着什么呢？它必然意味着：空间和时间，此时此地，是可化约为且已经化约为诸概念的秩序。时空位置被当成一个谓词,即当成一种可被赋予事物的概念。

为什么康德极力坚持空间和时间与诸范畴(比如一些先天概念)的异质性?这恰恰是因为他需要有某种不可化约为概念秩序的东西。

古典哲学是关于后天综合判断和先天分析判断各自的比例之间的漫长讨论。把一种化约为另一种的可能性或不可能性……

理查·平阿斯:在"A 是 A"这个例子中,人们是怎么做到不从经验中推导出同一律呢?

德勒兹:因为它是空的纯形式,A 是 A。A 根本不是作为一种一般性而呈现出来的,它是纯思想,任意的思想。此外,一旦有一种经验中的同一性,它就不再是"A 是 A"这个形式,一旦有一种经验中的同一性,它就是时间性的同一性,即它就不是必然的同一性。因此,"A 是 A"被称为先天的,正是因为它严格地与任何内容无涉,它是一切可能内容的一条规则。

现在康德到这里来了,一切就好像康德发现了一种新的类型、第三种判断类型,这第三种判断类型——他必须发明指称它的概念——就是先天综合判断。康德在这里发出了极其有力的一击。对一个古代人来说,区分总是很粗略的,先天分析判断,可能意味着某种东西,后天综合判断,也可能意味着某种东西,但先天综合判断,简直就是个怪物。所以,哲学家只会制造些怪物即新概念。这是个不可思议的大怪物。它究竟是什么意思呢?这里我要举出一些即使在康德那里也没有的例子,这是为了比他更忠实,为了努力比他更清晰,因为他还有别的东西要处理。

这个三角形是白色的。如果我兴冲冲问你们这是什么判断,你们会回答我这是个后天综合命题。我回答你们:很好,这课你们过了。如果我说,"我把由围出一块空间的三条直线所构成的图形叫作三角形",围出一块空间的三条直线,这是什么判断?我会说这是一个分析判断。为什么?因为除了"A 是 A"我什么也没说。三角形的概念恰恰就是围出一块空间的三条直线。粗略来说这就是古典哲学世界中的划分,这是古典哲学的术语坐标。康德来了,说:如果我说三角形的三个角等于两个直角,一个初级几何学命题,这是什么判断?是个先天分析判断,还是个后天综合判断?傻眼了!大家很早就知道这个命题,但没有人用这个例子来使某些哲学范畴——即先天分析判断和后天综合判断——的不足发生爆炸。

这里,他正在发现一种真正满足哲学之为哲学的口味的东西,那就是,用世上最简单的小玩意儿把一个概念框架炸裂了。实际上这故事蛮古怪的:三角形的三个角等于两个直角。它甚至就是人们称之为几何必然性的那种东西的例子。它是普遍的和必然的,然而,它不是分析的吗?

至于莱布尼茨,他会嘲笑康德的反思,也正因为如此,哲学才如此符合我们的期待。莱布尼茨的回答只会是:明显是这样的,三角形的概念,如果我们把分析推得足够远,很明显,它就是内角和等于两直角,这是包含在概念当中的。但再一次,在什么条件下莱布尼茨可以这么说?因为他还发明了数学中的一个学科,这个学科被他规定得俨然已经是一种拓扑学了,而且它允许把空间的规定性化约为概念的规定性。但条件是什么?

康德是从指出据他看来将时空规定性化约为概念规定性的不可能性开始的。换言之,有一种不可化约为概念秩序的空间与时间秩序。所以康德会说:我说三角形的三个角,根本不是包含在三角形的概念里的,所以为了进行证明,就要延长三角形的一条边,做一条对边的平行线……莱布尼茨早就说过他不会同意这一点,他也有理由这么做,因为如果他接受了这里面的什么东西,那他就完蛋了。但我们先不管它,我们先沿着康德的这种尝试往下走。我的概念是:围住一片空间的三条直线。为了证明它的三个角等于两个直角,比如说,我取三角形的底边并将它延长,并在点 C 做一条 AB 的平行线,这样我就证明了三角形的三个角等于两个直角。康德对我们说,不要夸大,那个边不是自己就能伸长,三角形也不是一朵花,它也不能自己就做出它一条边的平行线。三角形一条边的平行线并不是三角形概念的一部分,所以这是个综合判断。但这是一种很奇特的综合判断,它完全不是"这朵玫瑰是红色的"那一种,因为它是一个普遍而必然的综合判断。你们会怎么解释这样一种判断?

我再举一个例子。"这条直线是黑色的。"所有人都理解,没有问题:后天综合判断。我在经验中遇上它,或者说我碰巧遇上一条画成黑色的直线。我采取欧几里得的定义:"直线是点点并列的线",你们想取另一个定义也无所谓。无论如何,我都能说这是一个分析判断,它已经包含在直线的概念里了,它甚至就是直线概念的陈述。然后,现在怪物来了,我说:"直线是从一点到另一点的最短距离。"这是分析判断吗?我能说最短距离已经包含在"直线"概念中吗?

再一次,莱布尼茨说是的,康德说不。为什么?理由很多。

我要给出一个通俗的理由和一个学术性的理由。通俗的理由：如果非常仔细地检视"最短"，它是一个谓词或属性吗？这是个诊断的问题。它是另一种东西吗？当我说"直线是最短距离"，这很古怪，"最短"是一种属性吗？如果我们要证明它是一种属性，这要经过一个非常复杂的过程。它不是一种属性，因为"最短"……我试着换一种说法吧：如果你们要找到一条直线，那么就要取最短距离，这意味着什么？最短看上去是一个谓词，但它不是谓词。实际上，它是一种构造规则。它是我在经验中做出一条作为直线的线所要遵循的规则。你们会对我说，我们还是得知道什么叫最短……最短，它不是我赋予直线的一个谓词，它是一种构造规则，用来在经验中构造出直线，以便将一条线规定为直的。我是在康德的弟子之一，所罗门·迈蒙那里找到这个例子的，他是个非常伟大的哲学家。所以最短是构造作为直线的线的规则，是在经验中生产出一条作为直线的线的方法。这意味着什么？显然一个概念并不会给出其对象的构造规则。换言之，构造规则在概念之外。再一次，莱布尼茨说"大谬不然"，因为如果他接受了这个，他的整个体系就完蛋了。乍看上去，构造规则是某种非常不同于概念的东西，因为构造规则是我们据以在经验中生产出符合概念的对象的规则。因此必然地，它不包含在概念中，按照定义就是如此。你们说"圆是到一个名为圆心的公共点的距离相等的点的轨迹"，这是圆这个概念的定义，它不给予你们任何生产出圆的方法。我们已经到达时间难题的核心了。当你们说直线是点点并列的线时，你们没有任何方法可以在经验中生产出一条直线。你们还是需要有一条规则来生产出点点并列的线，还是需要有一条规则来生产出那个图形，让它成为到一个名为圆心的公共点的距离相等的点的轨迹。当你们说三角形就是围住一片空间的三条直线,你们没有任何方法可以在经验中生产出一个三角形。三角形的构造规则完全是另外的某种东西——况且它还要通过圆。为了生产出一个三角形还要通过圆。这就奇怪了。

当康德说这是综合判断的时候,他是什么意思呢?实际上,你们可以这样定义三角形的构造规则:如果你们给我一段直线——这预设了直线,这是当然的,以及生产出直线的方法——如果你们给我一段直线,如果把它两个端点当作圆心,或者以相同的半径,或者以不同的半径画两个圆,如果这两个圆相交了,如果你们连接直线的两点和两个圆的交点,如果两个圆的半径相等(更正:如果半径等于圆)①,这个三角形就叫作等腰三角形。这样我就有了一套构造规则。

注意看,在先天综合判断中有种奇妙的东西,那就是它不再在两个异质的概念之间进行综合,它在概念、在某种概念的规定性——三角形或圆——和一整套时空规定性之间进行综合。实际上,一种构造规则,就是一种时空规定性。为什么它是综合?可以看到,构造规则根本上是把异质的概念联系起来。这种把异质概念必然地联系起来的力量是从哪来的呢,既然我们可以说异质概念被联系起来的唯一方式就是经验的偶然性:啊是的,这朵玫瑰是红色的。但当我说直线是最短距离时,我认为说出了某种必然的东西,在这种意义上,先天就是几何必然性,它不依赖于经验。它可以就经验来言说,我可以就所有直线进行验证,它们确实就是最短距离,但我没有必要这样做。我从一开始就知道了,

---

① 括号中是被更正的内容。——校者注

我在理解这个判断的那一刻就知道了。我知道它对于所有直线都是必然和普遍有效的……也就是说,支撑概念之间必然联系的是一整套时空规定性,通过它们,诸概念必然地彼此联系起来。由此就得出我的学术性的理由。当我说"直线是从一点到另一点的最短距离"时,乍看之下,我看不出它如何能给予我构造一条直线的方法,但实际上,往年来听这门课的人会记得我尝试过指出几何学上某个很显然的事情,即"直线是从一点到另一点的最短距离"不是一个欧几里得式的命题,而是一个阿基米德式的命题,因为它暗含着两个异质性概念的一种根本的对比,即直线的概念和曲线的概念。实际上,"直线是从一点到另一点的最短距离"只有在一种情况下,更确切地说,在与圆或弦的弧相对比的情况下才有意义。换言之,这意味着使"直线是从一点到另一点的最短距离"的方法,它可以被称为一个已然是前微分(pré-différentielle)的命题,指向一种前微分计算(calcul prédifférentiel),也就是阿基米德的著名计算,即穷尽计算(calcul d'exhaustion),人们通过这种计算使一条折线趋近一条曲线,以至无穷,这意味着趋向极限。正因为如此,直线才是从一点到另一点的最短距离,尽管没有明确说到曲线,尽管没有提到曲线的概念。如果没有看到在两个概念——即直线和曲线——之间进行了一种综合;如果没有看到只有在非常确切的阿基米德式的情况下、在直线和曲线的对比中才能陈述这个判断,没有看到向极限的趋近和穷尽法,这个判断就被剥夺了一切意义。康德在这一层次上的回答是这样的:你们能看到它不是一个分析判断,因为有两个异质的概念被……完全就像在我的那个三角形的例子中一样,再说一次,为了证明三个角等于两个直角,就要做出平行线,而平行线是三角形以外的一个概念。在先天综合判断中,是什么把两个异质概念焊接起来? 只有一种操作可以,即成为空间与时间的一种规定性。正是空间与时间的规定性,例如在圆和弦的弧形中,在做出三角形一边的平行线中,正是这种时空规定性使得不相包含的概念之间的必然联系成为可能,也就是说,在这一刻你们才有了先天综合判断。

康德对我们说,空间和时间不能化约为诸范畴,这是什么原因呢? 这意味着有两种先天形式:一边是空间和时间,一边是诸范畴,或者如果你们愿意,也可以说空间和时间不可化约为概念秩序。康德给出了很多理由,但他将我们引向了一种至少是思想的经验,因为这是最简单的,这就是我要给你们说的。他说,你们看这两只手,这是对称但不可重合的物体的悖论。你们看这两只手,你们不但能看见这两只手,你们还能思想这两只手。让我们假设,实际上,从来没有两只手①,总有一细小的差别,纹路不同,线条不同,但从思想的观点看来这都无关紧要,我们总可以说没有两件相似的东西。但你们总能思想,你们总能对自己表象两只绝对相同的手。注意,如果我们让莱布尼茨在画外音里说话,他会说:完全不是这样,你以为你能思想它,但你无法思想它,因为你中止了概念。但让我们接受康德的这种赌博吧。

这样你们就能在概念上思想两只严格相同的手。当你们在概念上、在概念的特征上走得如此之远,你们可以想,啊,这条掌纹在另一只上也有。然而……莱布尼茨会说:这有可能,但如果你们这么做,你们就会发觉你们有的只是一只手。康德说,就在

---

① 原文如此,完整的句子应该是"让我们假设有两只完全相同的手,实际上,从来没有两只手完全相同"。——校者注

这里有了某种不可化约的东西。康德说他可以思想两只严格相同的手,但是它们还是两只。它们在概念上是严格相同的,一只上面的每个特征在另一只上面都有一样的。但它们是两只。为什么它们就是两只?一只是右手,一只是左手。或一只在前,一只随后或在后。凭什么可以这么想:在严格相同的两只手中,一只在右而另一只在左?你们知道,虽然就其每个特征而言它们被思想为相同的,但它们却是不可重合的。它们在其最细小的细节上都是绝对对称的,但它们就是不可重合。康德说,限度就在这里。

就在这里有着空间和时间的不可化约性。右边,左边。此时此地。先前,随后。你们可以设想两个其概念严格相同的物体,但这些物体还是两个,只是因为一个在这里一个在那里;一个在右边,一个在左边;一个在先,一个在后。有一种不能化约为概念秩序的时空秩序。但康德在这里没有援引这条理由。他还给出了以下这个著名的例子:两个相似的三棱锥,顶点相对,不可能将它们重合起来。为什么不能将它们重合起来?因为使得两个图形重合或者重叠,这就意味着一种旋转,一种在这些图形的维数上增补出来的一个维度中进行的旋转。当你们有两个顶点相对的三角形时,你们可以让它们重合起来,即通过在第三个维度中旋转其中一个三角形,将一个压到另一个上面。这时你们就拥有了在图形的维度上增补出来的一个维度。而到了立体图形这里,即是说三维图形,就像两只手或两个顶点相对的三棱锥,如果你们有空间的第四个维度的话,那你们很容易就能把它们、把这两只手重合起来。你们在第四个维度里作旋转就可以。限度就是这个事实:空间不可化约地只有三维而不是 n 维,或时间只有一维。人家总可以对我们说,在一些理论中,有 n 维空间,或有多维时间。我相信这件事情没什么要紧的,因为 n 维空间的观念意味着一个已经与康德的概念和难题体系无关的概念和难题体系。为什么空间和时间不可化约为概念秩序？因为时空规定性不能化约为概念规定性,因为无论你们把两个概念的同一性推到多远,与概念相对应的物或诸物都总是不仅仅被后天的偶然特征区分开来,也被其在空间和时间中的处境、在空间和时间中的位置区分开来。时空位置不是概念的特性。

由此我们进一步坚信如下原则,即先天综合首先很少在两个概念之间作出,它不是在两个概念之间作出的,是因为首先它是在概念一般和时空规定性之间作出的。真正的先天综合不像经验综合一样是在概念之间,真正的先天综合是从概念向时空规定性去作综合,或者反过来。正因为如此,才可以有从一个概念到另一个概念的种种先天综合,这是因为空间和时间编织了一整张规定性的网,它使得一个概念和另一个概念,不论它们多么不同,从有生产规则的那一刻起,就可以进入彼此间的必然关系。因此空间和时间就获得了一种构成性的力量,它将是一切可能经验的构成性力量。为了更好地标明概念秩序与时空秩序之间的差异,我要重复一下我刚刚说过的话。空间和时间是显象的形式,或显现者的呈现形式。实际上,我们之所以可以这样理解,是因为空间和时间确实是显象的形式,但它们在自身中并没有特定的统一性。所显现的东西总是杂多,显象总是某种杂多性的显现:红玫瑰、某种气味、某种颜色,等等。因此显现的东西依其本性就是杂多。空间和时间是知觉的形式,但要注意,空间和时间自身也具有一种杂多性,也就是空间中的诸"此地"的杂多性,空间中所有的点都是一个可能的"此地";对时间来说是时刻的杂多性,时间中所有的点都是一个可能的时刻。

要区分在空间和时间中显现的东西的杂多性与空间和时间自身的杂多性。第一种在空间和时间中显现的东西的杂多性,可以叫经验的杂多性,第二种杂多性,即空间本身和时间本身的杂多性,可以叫先天的杂多性。空间的杂多性。时间的杂多性。空间和时间的先天杂多性构成呈现的诸形式。相反,经验的杂多性属于显现者。

对于范畴或概念,我们刚刚看到它们属于与时空规定性不同的秩序。它们有一种统一性,这甚至就是概念的功能,即把杂多性统一起来。因此我们感到概念应该以某种方式涉及空间与时间。空间与时间,作为显现者的显现形式,就是康德称之为"直观形式"的东西。直观就是呈现,直观,就是直接的东西。现象直接地就在空间与时间中,也就是说,直接显现在空间与时间中。

空间和时间是直接性的形式。概念则总是我们称之为中介的东西。概念指向概念,并进行统一化。在这种意义上,概念就不只是显现者的呈现形式了,它是显现者的表象形式。这个前缀①意味着概念的能动性,它对立于直接性,或者说,对立于空间和时间的被动性,因为空间和时间是被给予的或是被给予者的形式。

空间与时间,康德说,是我们接受性的形式,而概念是我们自发性或能动性的形式。

---

①指"représentation"(表象)一词的前缀"re",这里注意"呈现"(présentation)与"表象"(représentation)之间的关系。——校者注

康德在时间的历史中带来的崭新的东西是什么呢？我已经说过，是空间和时间的规定性不可化约为概念的规定性，然而，无论如何，如果不能让时空规定性与概念规定性相一致，就不会有可能的认识，而认识的奇迹就在于此①。康德之所以构造他整个一套新概念的体系，就是为了达到这一点。

这是一种严肃的哲学，一种严格的哲学，康德用了各种复杂的词语，但用那些词语从来都不是为了制造什么效果，他不是个抒情诗人。我推荐你们去看看他的秘书记述他生活的文字：他过着一种非常平静、非常规矩的生活……

康德秘书的记述，叫作《伊曼努尔·康德最后的日子》，由托马·德·坎塞翻译，并稍加改编和润色。那文本非常精彩。

有一个提法，关于时间的提法，在我看来是人们关于时间曾说过的最早的最美的话之一，那是哈姆莱特说的。这提法如此恰当："时间脱节了。"②多漂亮！这是个非常漂亮的提法，只要我们理解了它。"节"③是什么？从字面上看，节就是枢轴④，枢轴，就

---

① 关于"认识的奇迹（miracle）"，还可参看《差异与重复》中的类似提法："然而，在概念以外，并不能看出它［图型］怎么能保证知性与感性之间的和谐，因为它自己都没法保证其自身与知性概念的和谐，除非诉诸一种奇迹。"见 Deleuze：*Différence et Répétition*，Paris：Presses Universitaires de France，1968，第 281 页。——译者注

② "时间脱节了"原文为"le temps est hors de ses gonds"，出自《哈姆莱特》第一幕第五场最后一段，莎士比亚的原文为"The time is out of joint"，朱生豪译为"这是一个颠倒混乱的时代"。——校者注

③ "节"的原文为"gonds"，指门上的铰链。——校者注

④ "枢轴"的原文为"pivot"，指枢纽、支轴。——校者注

是门绕着转的东西。而门……应该设想一扇旋转门,而这旋转门,就是宇宙之门。世界之门,就是一扇旋转门。世界之门旋转着,经过那些众所周知的优先点:人们称之为基本的点,东、南、西、北。所谓节,就是让门反复经过那些名为基本的点的优先方位标而旋转着的东西。"基本的",是因为它来自轴节(cardo);轴节,就是枢轴,星宿的畛域绕其旋转的枢轴,让它们反复经过那些被称作基本的点的枢轴。人们辨别出了这种往复:啊,星宿,又回到了这里,是时候赶我的羊了!

"时间脱节了",时间不再以这样一种方式——即从属于对一个与自己不同的某物(比如天文运动)的计量的方式——绕转了。时间不再是自然的数,时间不再是周期性运动的数。就好像那以计量天体运行的方式而绕转的东西,现在像蛇一样展开了,它摆脱了一切对运动或对自然的从属地位,它变成了自在自为的时间,它变成了空而纯的时间。它不再计量任何东西。时间取得了它自己的无度(démesure)①。它脱节了,就是说脱离了它对自然的从属,反倒是自然将要从属于它。

我可以说,虽然很简略,所有古代哲学都维护着时间对自然的从属关系,哪怕以非常复杂的形式;古典哲学,它的时间概念尽管那么复杂,但从未质疑过这个极其一般的原则,即这个著名的定义:"时间是运动的数。"随着康德而来的,是一种难以描述的创新。时间第一次获得了解放,获得了放松,不再是宇宙学的或心理学的时间,不管是世界的还是灵魂的,而是变成了一种形式的

---

① "无度"(démesure),这里应理解为"计量"(mesure)的反义词。——校者注

时间,变成了一种纯粹的展开形式,这对于现代思想而言将是一种极端重要的现象。这将是时间理论中第一项康德式的重大颠覆。

因此,我取哈姆莱特提法的字面义,将其用于康德:"时间脱节了。"从时间概念的观点看,正是通过康德,我们才能切实地说时间脱节了,也就是说,时间不再从属于对运动的计量,相反运动将完全从属于时间。时间将成为那种纯粹的形式,成为世界由以被清空、由以变成荒漠的那种行动。正因为如此,康德最好的弟子之一——他不是个哲学家,永远不要在哲学家中去找理解哲学家的人——是荷尔德林,荷尔德林依靠康德,与那些康德派哲学家相反,理解并发展了一种时间理论,这种时间确切地说是一种空而纯的形式,俄狄浦斯正是在这一形式之下四处流浪。

下一次,我想看看"时间脱节了"这个提法用于康德时是什么意思。它所说的确实就是某些字面上的东西。

我要展开的第二个提法真正只属于康德,它是他最后的、最晦涩的那些文本的一部分。康德在他生命的最后,写了一本他去世后才面世的书。他开始写作后来被称作《遗稿》的东西的草稿。这个《遗稿》很奇怪,因为它混合了各种各样的东西。有洗衣单,有日常生活的琐细印象,也有美妙的篇章。在文本的最后,越来越多地出现这样的观念:时间是自感①的形式。它是主体在其中刺激自己(s'affecte lui-même)的那种形式。如果有什么神秘的东

---

① "自感"(auto-affection)是一个最初来自现象学的概念,德文为"Selbstaffektion"。海德格尔在《康德与形而上学问题》中即用这一概念来界定康德意义上的时间。——译者注

西,那这就是了。对于空间这是很清楚的,但康德对于时间也说了这样的话。注意看这种划分是如何做出的:空间是某种外在的东西在其中刺激我的那种形式,而时间是在其中我自己刺激自己的那种形式。这比"时间脱节了"还要神秘。

这就是康德的三句箴言:第一句藏在哈姆莱特那里,时间脱节了;第二句藏在他自己那里,他说时间是自感的形式,我在其中刺激自己的那种形式。然而他为什么这么说?他没有别的选择。如果你们理解了第一点,时间脱节了,它不再计量一种运动,它不再从属于自然。在最宽泛的层面上,这已经非常新颖了。在某人那里非常新颖的东西,应该已经在更宽泛的层面上被把捉了。到康德为止,非常宽泛地讲,人们是怎么说的呢?对莱布尼茨来说,没有这个难题:对他来说时间是可能的相继的次序,空间是可能的共存的次序。康德不想这样,也不能接受这样的提法。他提出这一难题的整个方式都使得他不能这样做,显然,将时间定义为可能的相继的次序,乍看起来,意味着时间对其所计量的内容的从属,意味着时间所从属的某种内容。时间理当从属于相继的东西。因此,一旦他设想了一种形式的时间、一种摆脱了要计量的运动的时间的纯粹形式,一旦他拉直了时间,一旦他把时间像弹簧一样松开,他就再也不能把它定义为相继的次序了。在多大程度上把时间定义为相继,就在多大程度上无非在说——这是当然的——相继是时间性的,但相继只是时间的一种模式,因为我们用来定义空间的那种共存或同时性,就是时间的另一种模式,相继不是空间。这是一种很糟糕的划分方式。空间不能定义为共存的次序,因为共存是一种只能在与时间的联系中来理解的概念——它意味着在相同的时间。时间不能定义为相继,因为相继只是时间的一种模式,而共存本身是时间的另一种模式。你们会看到他这样处理,是为了使划分变得简单:空间—共存和时间—相继。他会对我们说,时间有三种模式:绵延或持续、共存、相继。然而不能以这三种中的任何一种来定义时间,因为不能用事物的模式来定义事物。更不能把空间定义为共存的次序,因为共存是时间的一种模式。康德在这一点上是极其有力的。

他会说——我希望你们能欣赏这种简洁——:要将空间仅仅定义为形式(但尤其不是次序,因为次序仍然指向要在时间中得到计量的某种东西的计量),定义为纯粹形式,什么东西的纯粹形式?空间,是外在性的形式。这并不是说它来自外面,而是说所有在空间中的显现者都显现为外在于它们的认识者,且外在于另一物。并不是外在性[录音不清]空间,而是空间构成外在性的形式,或把外在性构成为形式、构成为纯形式。空间,是外在性的形式。既然他刚才把空间定义为外在性的形式,那就理应把时间定义为内在性的形式。它是我们在其下自己刺激自己的那种形式,它是自感的形式。时间是自身为自身所刺激。

我想让你们考虑一下,这第二点是从第一点中引出的。

因此,第一个悖论就是:脱了节的时间是什么意思?第二个是:时间是内在性的形式是什么意思?

第二讲:1978 年 3 月 21 日

为什么就没有一种对哲学的合成器操作或电子操作?

上一次我试着确定了康德的几个非常明确的观念:先天、综合等等,但当然是根据在我看来是本质的东西来这样做的,即就哲学而言,在时间难题的提出上发生了一种根本的颠覆。这是一种关键的①颠覆,是一个关键点。

我上次建议采用三个任意的提法,但这很危险,不过也没什么,有三个关键的提法,它们不是康德自己的,但通过它们,似乎可以概括康德在时间或时间性概念(notion)上带来的三种重大创新或三种巨大颠覆。

所以,如果能把这种在涉及哲学的概念研究时援引文学提法的做法中所有浅薄的东西都清除掉,那么康德为其提供了有力内容的第一个提法,就是哈姆莱特的:"时间脱节了。"第二个提法是匿名的,它大概是这样的:"迄今为止我们给自己提出的任务都是表象空间,是时候思想时间了。"第三个著名的提法,出自一个与

---

① "关键的"原文为"critique",也译为"批判""批判的"。——校者注

康德毫无关系的作者:"我是他者。"①我相信,如果把这些提法从其语境中抽离出来,它们都惊人地适用于康德,如果你们把它们都当作抽象的宣言的话。或许这样才使我能够在其自身中理解"我是他者"这个提法,就像在其自身中理解"时间脱节了"这个提法。

我曾请吉勒·沙特莱参与到这第一个提法的评论中来。现在我重新回到我们所在的第一个提法"时间脱节了"的层面上。康德哲学是如何提出这种正在脱出其轴节的时间的呢?节,就是时间所绕转的那种枢轴,换言之,在某种古代的传统中,时间根本上是从属于在时间中发生的某物的,而这个某物,我们可以将它规定为是变化。时间从属于变化,时间因此要去计量变化者的变化,或者说——这是在另一个层面上说同一件事情——它要从属于运动。时间从属于运动。我说这是在另一个层面上说同一件事情,是因为运动作为位置的运动是变化的最纯粹的形式,也就是说变化的完美形式;它指向亚里士多德的一些观点,而后者笼罩着整个希腊哲学。或者,同样在另一个层面上说同一件事情,这意味着时间从属于世界的进程,就是在这个意义上,在希腊人那里出现了古典的时间定义:时间是运动的数。这意味着什么?

它意味着时间从属于变化,从属于运动,从属于世界的进程。它意味着时间卷曲了,变成了一个圆圈。这种时间,不管它是不是独立于永恒轮回的问题(后者是以完全不同的方式提出来的),这种时间是循环的。实际上,既然时间是运动的数,它就要计量行星的运动——参见柏拉图关于八颗行星的八种运动的所有那

---

① 后文会指明这个作者是兰波。——译者注

些论题①：计量八颗行星回到各自原位所用时间的巨大圆圈，世界的八个大圆圈。于是就还有一个巨大的圆圈的圆圈，它上面的点是由那些行星向相对相同的位置的回归所确定的，于是也就有了世界的纪年。然而这种变成圆圈的时间与从属于变化、从属于运动、从属于世界进程的时间不过是同一个时间，而这就是贯穿整个古代哲学的那种大观念：作为永恒的影像的时间。时间的圆圈，就其计量着行星的运动与相同者的回归而言，正是这种变成圆圈的时间。在《蒂迈欧篇》中，就有关于造物主（Démiurge）的弧变成圆圈——那种卷曲活动——的非常漂亮的段落。

然而，这种作为永恒的影像的时间、从属于运动的时间的循环形象，其秘密是行星向彼此相对的相同位置的周期性回归，这种时间就是一种作为永恒的影像的时间。我认为，所有古代的时间观都被打上了一种模型的特征（caractère modal），而这个字眼实际上也总是出现：时间是一种模型而不是一种存在。正如数不是存在，而是相对于它所计数的东西的一种模型，同样，时间也是相对于它所计量的东西的一种模型。

显然，问题不在于这样来理解康德，这并不只发生在他的头脑里，而是有一个漫长的科学演化过程，它在康德那里找到了其哲学表达，但可能早在牛顿那里，它就已经找到了一种科学表达。一切就好像时间展开了；然而"展开"要在严格的意义上被理解，也就是说拉直、失去了它的循环形式。时间变成了纯粹的直线，这是什么意思呢？这就像你们把一条弹簧弯成圆的，然后又放开它。

---

① 具体内容参见柏拉图的《蒂迈欧篇》。——校者注

时间变成了纯粹的直线。这让我想起博尔赫斯:真正的迷宫,就是直线。当时间变成直线时,作为变化,这是什么意思?意味着什么?

以音乐语言来说,我可以说在康德那里,时间获得了一种调性的特征,而不再是模型性的。要表明这种操作对思想的暴力,除了扯开的圆圈,展开了的、变成了纯粹直线的弹簧,真的找不到另一种形象了。你们可以看到,循环的线,当时间是循环的时候,是一条为世界划界(borne)的线;而只要说时间变成了直线,就意味着它不再为世界划界,而是穿过世界。在第一种情况下,循环的时间是一种划界的、因此实施着一种对希腊人来说总是至高无上的行为——进行限制(limitation)——的时间。当时间变成了直线,不再为世界划界,而是穿过世界时,它不再是一种限制意义上的界限(limite)①,而是以下意义上的界限:它处于末端(bout),不停地处于末端,这是在趋向极限(limite)的意义上的界限。"界限"这同一个字眼根本上改变了意义,它不再是限制某物的一种行为,相反是某物所趋向于的那个终点(terme),它同时既是趋向又是这趋向所接近的东西,这才是时间。这怎么解释呢?

问题就在于指出这种变成了直线的时间的重要性。这并不是一种简化;它改变了时间氛围本身中和时间活动中的一切。

最简单的方式就是请教一位得益于康德的诗人。他就是荷尔德林。现在,我们的难题只是,澄清当时间不再是循环的、不再是圆圈,而是变成了直线的时候,这种变化有什么重要性。要牢记于心的是,荷尔德林得益于康德,与此同时,对于当时间变成直

---

① "界限"原文为"limite",也有"极限""限度"的意思。——校者注

线时发生了什么,他有很多话要说。

荷尔德林在对希腊悲剧的研究中提出了这个难题,特别是他将埃斯库罗斯那里出现的希腊悲剧和索福克勒斯那里出现的希腊悲剧对立起来,这种对立尤其在《俄狄浦斯王》和《安提戈涅》中表现出来。由荷尔德林发展起来的、后来又被索福克勒斯的其他评论者们所重拾的这种图型,你们马上会看到,它正关乎我们这个难题的核心。它就等于对我们说,有一种希腊悲剧,是循环时间的悲剧。在埃斯库罗斯那里我们很容易找到它。这个悲剧的时间循环是什么呢?悲剧的时间循环,粗略地说,就是圆上三个不等值的圆弧。先有一个限制的环节①,而限制无非就是正义,就是指派给每个人的应分。然后就有对限制的僭越,僭越的行动。

界限的环节,就是伟大的阿伽门农,是王室的限制之美。然后有对界限的僭越,即无度的行动:那就是克吕泰涅斯特拉谋杀阿伽门农。然后是漫长的修复和悲剧的时间循环,这个循环就包括限制、僭越和修复。修复就是俄瑞斯忒斯为阿伽门农复仇。于是就有了一度被逾越的界限平衡的重建。注意,这种悲剧的时间在相当程度上摹写了天文学时间,因为在天文学时间中,我们有由一些固定点构成的区域,它正是完美的限制区域;有行星和行星的运动,它以某种方式打破了界限,然后就有了修复,即由于行星回到原位,正义就得到了重建。

在这个著名的关于悲剧命运的提法中,正如人们所说的,一切在一开始就确定了,当悲剧开始时一切就已经确定了:就像埃

---

① "环节"原文为"moment",与下文的"时候"是同一个词。——校者注

斯库罗斯的文本所表明的,在阿伽门农回到他的宫殿、即将被克吕泰涅斯特拉谋杀时,一切就确定了。而在克吕泰涅斯特拉谋杀了阿伽门农时,在发生了无度而不义的行为、发生了对界限的破坏时,修复就已经在那里了。这就是一种循环的命运。时间是曲线。然而在那些美妙的段落里,荷尔德林说:索福克勒斯的新颖性在哪里呢?索福克勒斯最终是凭什么奠立了现代悲剧呢?他是第一个拉直时间的人。那是俄狄浦斯的时间。荷尔德林说,索福克勒斯之前,在希腊悲剧中,是人避开(dérobe)了界限。你们可以看到,在界限——限制面前,人僭越了界限,并恰恰由此避开了界限;然而在俄狄浦斯那里,就不能再说这是某人僭越了界限、避开了界限的那种氛围了。在俄狄浦斯的情形中,是界限自身在退避。它在哪里呢?它变成了趋近极限的那种界限。荷尔德林的出色提法:在俄狄浦斯那里,开始和结束不再合韵了。而韵脚正是时间以开始和结束互相合韵的方式卷曲起来的弧。曾经有过对非正义的修复。在俄狄浦斯那里,时间变成了一条直线,它就是俄狄浦斯流浪于其上的那条直线。俄狄浦斯的漫长流浪。不再有修复,除非以暴死的方式。俄狄浦斯处在永远的缓刑当中,他要走完这条时间的直线。换言之,他要被一条牵引着他的直线所穿越。向何处?无处(Rien)①。海德格尔后来会说是向死。时间的直线,海德格尔出于他自己的打算,从中得出了一个不无康德意味的观念,一种向死而在的观念。

我们看到,实际上在俄狄浦斯的情形中,在索福克勒斯的悲剧中,开始和结束不合韵,此外更有一个零时刻(instant zéro)。荷

---

①这里也可译为"虚无"。——校者注

尔德林补充道,这种拉直了的时间,以至于开始和结束总体上不再合韵了,这是一种被一个顿挫(césure)加了标记的时间,正是因为在时间中有一个顿挫,即有一个纯粹的现在,才有了(正是这个顿挫将它们划分开来)一个以前和一个以后,而就是这个以前和这个以后不再合韵了。

循环时间的图型,被一种作为直线的、由一个顿挫加了标记的时间所取代,这个顿挫划分了不对称的一个以前和一个以后。这对我们来说很重要,因为作为直线的时间在自身内有着划分不对称的一个以前和一个以后的可能性,有着从一个顿挫出发产生不对称的一个以前和一个以后的可能性。这个顿挫,我们可以将它称作纯粹的现在。然而荷尔德林的分析之所以令人佩服,是因为他试图指出,这种时间形式,即划分着以前和以后的顿挫,也就是被一个据以在时间中产生过去与未来的纯粹现在所标记的时间的线性形式,这种时间,就是与古代时间意识相对立的现代时间意识中的那种时间。

既然我借用了哈姆莱特的提法,令我惊叹的是,荷尔德林为了让我们理解他认为的俄狄浦斯的新颖性所在而构造的这整个图型,是多么地独立于时代而能适用于哈姆莱特。对于那些想起哈姆莱特的人,这会是多么奇妙啊:这是一种在其中有某种东西在不断退避的线性时间,不再是哈姆莱特避开界限,而是界限自己避开哈姆莱特,就好像它纺出了那条直线一样。而且这里有一个顿挫。对俄狄浦斯来说,荷尔德林将以下时刻定为顿挫时刻:忒瑞西阿斯的干预,预言者的干预。它将构成纯粹的时刻,纯粹的现在,由它出发,在这条直线上产生了一个过去和一个未来,即总体上不再合韵的一个以前和一个以后。而在哈姆莱特这里,有一个在我看来非同一般的时刻:哈姆莱特在其为父报仇的任务中很是犹豫了一番:从字面上来说,就是界限自己退避了①。当他对于为父报仇犹豫再三时,这是一个和俄狄浦斯相同的故事。在很长的时间里,时间好像是以前的时间,但我们还不能言说"以前",因为以前和以后只能被顿挫划分开来,也就是说被纯粹现在划分开来。后来他的继父想要摆脱他,派他去航海。这次航海是如此根本,以至于哈姆莱特回来时说:"在我里面有某种危险的东西"②,这是他以前从未说过的,就好像这次航海使他变得有能力做以往所不能做的事。这次航海发挥着顿挫的功能,在时间的直线上划分了不可重合的、不对称的一个以前和一个以后。

在荷尔德林的这段如此漂亮、虽然晦涩但毕竟漂亮的文字中,我们会看到所有这一切:"在痛苦的极限(limite extrême)中,剩下的实际上无非只有时间或空间的条件(在这里,荷尔德林像康德一样说话)。在这个极限(limite)上,人遗忘了自我,因为他整个地内在于这时刻。神遗忘了,因为他无非就是时间。无论从这一边还是从另一边看,都不忠诚,等等……"③这种绝对的背

---

① "犹豫"原文为"hésiter",也即"迟疑",所以有此一说。——校者注
② 参见《哈姆莱特》第五幕第一场。——校者注
③ 这段话出自荷尔德林的文章《俄狄浦斯评注》(*Anmerkungen zum Ödipus*),原文如下:In der äussersten Grenze des Leidens bestehet nemlich nichts mehr, als die Bedingungen der Zeit oder des Raums. In dieser vergisst sich der Mensch, weil er ganz im Moment ist; der Gott, weil er nichts als Zeit ist; und beides ist untreu. 见 Hölderlin, Friedrich: *Sämtliche Werke*, Vol. 5, ed. Friedrich Beißner, Berlin: Propyläen-Verlag. 中译文在参考原文的基础上主要根据德勒兹所引法译文译出。——译者注

离,是什么?这是说,当时间是循环的时候,有一种神—人关系,它和希腊悲剧中的命运无非是一个东西。而当时间成为直线时,也有某种东西分离了。在荷尔德林非常漂亮的评论中,是线性时间的同一轨迹中的双重背离分离了人和神。神背离了背离神的人。正因为如此,俄狄浦斯被索福克勒斯称为"atheos"①,这个词的意思并不是无神论者,而是神的分离。因此神不再是时间的主人、时间的弯曲者,人自身也不再是在与神的一种和谐中[录音不清]在圆圈里。在这种同神的关系中,人无非是阻止以前和以后在总体上合韵的那个顿挫,划分着不合韵的以前和以后的那个顿挫。

我只希望你们开始感受到这种变成了直线的时间的重要性。这绝不是要简化时间的形象,相反我希望你们感受时间形象的极度复杂。时间不再从属于在它当中流逝的某种东西,相反其他所有的东西都从属于时间。神本身无非是空的时间。人无非是时间中的顿挫。在《纯粹理性批判》中,有一个非常著名、同时也非常非常漂亮的章节,叫作"知觉的预测"。我只想指出,在完全另一个层面上,康德为我们讲述了一个与荷尔德林后来所讲的一模一样的故事。但康德的故事不是关于希腊悲剧的。古怪的是,它是关于科学物理学的。于是有了名为"知觉的预测"的一打非凡的段落。康德对我们说,空间与时间,是我们称为能广延的大小②的东西。能广延的大小是什么意思?这并不复杂,用拉丁语来

---

①来自古希腊语"ἄθεος",意为"无神"。——校者注

②"能广延的大小"原文为"grandeurs extensibles",即"可延伸的大小"。——校者注

说,一种能广延的大小就是与"partes extra partes"①——诸部分的外在性——这个提法相对应的东西。也就是说,一种能广延的大小,就是我们相继地把握它的诸部分的东西。因此,既然所有的量都同时是众多性和统一性——当我说,例如,这有二十米,这就是众多性的一种统一性——,我们就用如下方式定义能广延的大小或广延的大小(grandeur extensive):众多性指向各部分在一个整体中的重新统一。这就是一个广延的量②。然而时间就是这样的:一分钟,再一分钟,又一分钟,然后你们会说,好了,一个小时过去了。你们可以看到诸部分在把握中的相继,在一个整体中的重新统一:一个小时。

空间和时间是广延的量,这没什么困难。康德补充道:但是在这里,空间和时间中的实在(réel)——回想一下,空间和时间中的实在,就是显现在空间和时间中的东西,就是现象,因为在康德那里现象不再是外表,而是显现的事实——显现在空间和时间中的实在,可能也有一种广延的量。比如说,桌子占据了一块空间,它有一种广延的量,存在着桌子的空间。在这一点上不再有什么要考虑的,这就是康德称为综合的那种东西。但空间和时间中的实在不只有一种广延的量,它还有一种强度的量。什么是强度的量?它是在各种程度上充实空间与时间的东西。

我们马上就能看出广延的量和强度的量之间的差异,因为同一块广延的空间可以同等地以不同的程度被充实。例如:同一片

---

①拉丁文,意为"诸部分之外的部分"。——校者注
②"广延的量"原文为"quantité extensive",也译为"外延的量",与下文中"强度的量"(quantité intensive,也译为"内包的量")相对。——校者注

空间可以被强度或大或小的红色所充实，同一个房间可以被强度或大或小的一种颜色所充实，同一块体积可以被密度或大或小的一种质料所充实。问题完全不是在空间与时间中有没有虚空。康德甚至会在根本上区分这两个问题：是否能设想空间和时间中的虚空，以及另一个问题，即就算其中没有虚空，空间和时间是否也可以被充实，可以在不同的程度上被充实。

然而充实空间和时间的那个实在的强度的量是什么？更进一步说，不只有充实空间和时间的实在，还有空间和时间本身的实在，那也是强度的量。与我们刚才对于广延的量所说的相对立，据康德所说，强度的量有两个根本特征，它们对于后来的所有关于强度的理论都非常重要。

第一个特征：对一个强度的量的把握是瞬间的（instantanée），也就是说它的同一性不再来自诸相继部分的总和。某个强度的量的统一性是在瞬间中被把握的。这相当于说，当我说"这有30度"时，30度的热并不是3个10度的总和；在广延的量的层次上，30是10+10+10，但30度并不是什么的3倍，30度的热并不是3个10度的热。换言之，加法和减法的规则对强度的量无效。对任何强度的量的统一性的把握都是在瞬间中完成的。

第二个特征：包含在强度的众多性中的众多性，不再指向彼此外在的部分的相继，而是指向零度的变化着的趋近。我可以说，每当有某物充实了空间和时间，我就会说，或康德就会说，他就面对一个经验直观。直观，你们回想一下，它是接受被给予的东西的职能，而被给予者是在空间和时间中被给予的，因而直观根本不是什么神奇的职能，它是接受性的职能。我接受了某种被给予的东西，在这种意义上我有了一种经验直观。然而就被给予的东西有一种强度的量、也就是说有一种程度而言,我是在与其从零开始的生产的关系中把握它的,或者在与其消逝的关系中把握它的……或者说,充实了空间和时间的实在,从强度的量的观点来看,是被把握为从零度开始生产,或被把握为消逝,也就是说正在重返零度。

就在这一刻,问题完全不在于是否有一种空的空间和时间,问题在于,无论如何,是否有一种对于空间和时间的空意识。有一种对空间和时间的空意识,它被零度且依据零度而被规定,这种零度是空间与时间中的一切实在的生产——从零开始的生产——的起源(principe),或是其消逝的起源。

我不想作太生硬的对照,但是在康德关于强度的物理学层面上,你们可以把荷尔德林[录音不清],也就是被作为直观＝0 的顿挫加了标记的时间的直线;康德称作空的形式直观的东西、那种由以出发而产生了充实空间和时间的实在的东西,就是这种直观＝0,这种形成了顿挫的空的直观。它依据于这种顿挫,依据于这种为整个强度的量所蕴含的、与作为空形式、作为纯粹直线的时间自然地相关联的零度。所以在作为纯粹直线的时间上,零度的顿挫被标了出来,它将使得以前与以后在总体上不再合韵。再一次,问题不是有没有空的时间和空间,问题是,根据时间自身的性质,有一种对于时间的空意识。换言之,神变成了时间,同时人变成了顿挫。这很难,不知所云,但很精彩。这就是我对于脱节的时间所要说的全部。

强度的量在它所蕴含的、它由其出发而产生的零度,与作为纯粹直线或空形式的时间之间,做了一种综合。作为充实空间和时间的实在的程度的强度的量,在这种实在由其出发而产生或消逝于其中的零度,和作为空形式或纯粹直线的时间之间,做了一种综合。因此就有了强度的意识在时间中行使的那种顿挫的功能与时间所采取的空的线性形式之间的互补性。由此就如荷尔德林所说:人(时间意识)无非就是顿挫,神无非就是空的时间。这就是双重的背离。康德并没有走到这一步,理由很简单,我来明确一下:实际上康德从认识中减去了神和灵魂。他在认识领域中赋予了它们某种功能,但神和灵魂并不能被原本地认识,因为我们只认识现象,我们只认识显现的东西。只不过康德并没有取消神和灵魂,因为他要赋予它们完全另一种功能,一种实践的、道德的功能。但从认识的观点看,神经过空的时间,一如灵魂经过顿挫。

这样是不是更好了?真正的体验①,绝对是抽象的东西。抽象,就是体验。我几乎要说,一旦你们达到了体验,你们就最生动地达到了抽象。换言之,体验什么也不表象。你们只能体验抽象,从来没有人能体验除了抽象以外的其他东西。我不会体验我的心的表象,我体验一条完全抽象的时间的线。还有什么比节奏更抽象吗?

就斯多葛派来说,相对于古代,他们一方面是如此新颖,但与此同时,他们又与之全无关系,他们在完全不同的意义上使用"界限"一词。他们那里的界限不再是柏拉图那类哲学中的界限,也

---

① "体验"原文为"vécu",是法文"vivre"的过去分词,由于"vivre"当"生活"讲时可以做及物动词,故而"vécu"直译为"所生活的东西"。此外,"vécu"也是现象学术语"Erlebnis"的法文译文,而"Erlebnis"在汉译现象学著作中多译为"体验"。综上,这里也将"vécu"译为"体验"。——译者注

不是别的什么界限……康德的知觉的预测要说一件很简单的事情,即关于知觉,不可能先天地断言任何东西。如果说有一种我们叫作红色的颜色,也有一种我们叫作绿色的颜色,那也是被给予的,不可能独立于经验而言说它们,它们是在经验中被给予的。[但是]有两种可以先天地言说的东西,那就是:不管在空间和时间中被给予的是什么东西,在空间和时间中被给予的东西都是一种广延的量;但也是一种程度,即一种强度的量。这是一个先天判断。也就是说,如果要充实空间和时间的东西不是也有一种程度的话,那么它就不会充实作为广延的量的空间和时间。所以我可以预测知觉,因为在这里我已经有了一种规定性,它是我能先天言说的唯一的东西。因此有了预测。在伊壁鸠鲁那里就完全不是这个意思了。伊壁鸠鲁的时间定义甚至没有斯多葛的时间形式那样的新颖性,它典型地是一种模型式的时间。在这里我非常希望吉勒·沙特莱可以接着说一说,从他略带数学背景的视角来看,究竟为何这种作为直线的时间观是根本性的。

吉勒·沙特莱[只是发言概要,因为录音不清]:在柏拉图那里,有一种被创造的时间,也就是说某处存在着一种超验性(transcendance),它高于时间,且与时间关联,存在于一个更高的维度之上。柏拉图的这种时间计量着周期,它是诸周期的一个集合,它保证着天体和历法中同一者的重复。要记住的根本性的事情是,时间乃是一种数。这种时间在进程①之上计量着次序。柏拉

---

① "进程"原文为"marché"(市场),应为"marche"(进程、运行)之误。——校者注

图的时间描述的是次序,比如混沌就没有时间。时间是表达世界次序的一种历法:它是标记次序的系统,它在世界中,是一种尘世的存在。

在亚里士多德那里,一切都通过运动被设定,而时间在运动中,它内在于物质(masse)。时间附属于诸物体。这种时间纯粹是星相学的,不过应把永恒、无限而均一的时间概念归功于亚里士多德。但在柏拉图和亚里士多德那里,都有一种循环的表象。

在普罗提诺那里,有一种抽象的活动者叫作太一,它没有任何定性;还有某种一旦离开太一就开始降格的东西。时间所计量的就是这种相对于永恒的降格。普罗提诺说,时间是存在与自身不可挽回的叠加。时间是一种跌落,即一种降格。普罗提诺也谈到过对神的向往。与普罗提诺所说的东西相一致的数学形象叫作射影直线,时间是一条直线,但是是一条顶端弯曲了的直线。它也不再是一个圆,而是一个少了一点(太一)的圆。普罗提诺的时间是一种射影时间,他那里已经有了不可逆的观念。在普罗提诺那里,时间从太一流出,而太一对于时间来说是超验的。时间并不严格地是一种宇宙论的存在,感知时间的……是灵魂。时间已然是永恒的等价物,它没有开始也没有结束,那个圆圈之外的点不在时间中,太一在上面,从来没有过开始。这是相当悖论性的。

在康德那里,时间成了现象的可能性的条件。现象的相继性意味着时间,因此时间是超验的。时间是我们称之为众多性的东西,这说得很清楚,它是一维的,但它尤其是有序的。最后,他说时间拉成了一条直线。然而什么是一条直线?……时间作为参数给出了轨迹……实在的直线是一个函数,而时间成为函数的条件,它不是表象的影像,它是函数本身。很可能有一种时间的函数。何以康德是完全现代的? 因为时间性就是定义拓扑学……直线……但康德的基本观点是,抽象空间(它就在那里)是纯粹的参数。

康德那里有两样东西:第一是一项技术革命,因为他明确地断言了时间是一条实在的直线,第二,还有一种函数概念。

德勒兹:你说了些很重要的东西,即在康德那里时间不再是数或计量,而是变成了参数。我希望你能解释一下数或计量与参数之间的区别。

沙特莱:参数不是一个结果。一个数,对希腊人来说,就只是一种计量,这里时间的计量是可能的,因为……在数学中参数没有定义,它只是个概念。变成了参数的时间不再是一个结果,它变成了初始被给予的东西①。参数就是被给予的东西,会变化的东西。

德勒兹:我相信这说的完全是一回事:时间不再是数,或时间不再计量某物并因此不再从属于它所计量的东西,时间变成了一个参数,时间与一种构成的难题联系起来。当我说时间被拉直了、变成了直线……在这个现代时间观里就有某种对等的东西,其中出现了一种参数性时间的空形式,同时也有与构成函数的某

---

① "被给予的东西"原文为"donnée",在数学中也译为"已知条件"。——校者注

种东西——它要么是悲剧中的顿挫,要么是数学工具中的断裂——的互补性。我只是对吉勒·沙特莱赋予普罗提诺的那种关键地位感到有点困惑。在古代,情况比我们至今所说的要复杂得多。实际上有两个方向,而且这两个方向至少有某种共同的东西:在这两个方向中,时间只有一种模型式的特征,而从来没有[录音不清]的特征。然而,这两个方向都是作为运动的数的时间,因此也是从属于物理宇宙、从属于 phusis① 的时间。然后普罗提诺打断了它,尽管他不是第一个来打断的,他还提出了一种不再从属于 phusis 而是从属于灵魂的时间观。就这一点的重要性上,在普罗提诺的重要性上,在这两种尝试中一方的重要性上,我不能完全同意吉勒·沙特莱:从属于灵魂的时间和从属于 phusis 的时间,都维持着、且至少共同断言了时间的一种纯粹且独一的模型式特征,也就是作为永恒的影像的时间、时间的一种次要的和派生的特征,并且这两种尝试在古代关于世界灵魂的理论中有一个交汇点。我不会把普罗提诺当成一个……

孔特斯:[录音不清]

德勒兹:对康德来说的超验。再一次,有两个概念。康德的概念是先验,时间是先验的,但康德的整个先验概念都是用来反对古典的超验概念的。先验尤其不是超验。

我要很快过渡到第二点。我进行得非常快。我说了我要用于康德的第二个提法是……然而思想时间真是最困难的——这

---

① 希腊语,意为"自然"。——校者注

是哲学作为批判哲学,作为被康德在批判哲学的形式下所定义的现代哲学的阶段。在古典哲学中,思想的他者是什么?思想的他者,首先就是空间。是空间。空间被设想为限制(limitation)。它被设想为障碍和阻力,也是限制。为什么?因为恰巧我的思想与一个自身非广延的思想着的实体相联系,思想是一个自身非广延的思想着的实体的属性,但这个思想着的实体以身体而告终。它以身体告终:这就是那个让古典哲学烦恼的著名难题,即作为思想实体的灵魂与作为广延实体的身体的统一问题。灵魂以身体告终这个事实,尽管灵魂自身是非广延的(你们看到,这是个无解的难题:某种非广延的东西怎么能以某种广延的东西而告终,这会造成各种悖论),实际上带来了对思想的一种根本的限制,因为这个事实会成为所有错误、所有幻相的根源,而这些错误和幻相不仅会给思想造成障碍,还会限制思想。第三个特征:如果空间是思想的他者,我会说,如字面上一样,它是一种他异性①的他者。广延的实体异于思想的实体,尽管它们在实体上又被设想为是统一的。于是有了笛卡尔那种众所周知的立场:有三种实体,思想的实体、广延的实体,以及思想实体与广延实体的统一。伴随着

---

① "他异性"原文为"altérité",也译为"他性""相异性"。这个概念在德勒兹的著作中多用来指外在差异。如在其为梅洛·庞蒂主编的《著名哲学家》(*Les philosophes célèbres*)撰写的词条"柏格森(1859—1941)"中,德勒兹就将他异性与表示内在差异的"转化"(altération)相对举:"对于他异性这个柏拉图式的概念,他[柏格森]以转化这个亚里士多德式的概念取而代之,进而使之成为实体本身。"见 Deleuze: *L'île déserte*, Paris: Les Édition de Minuit, 2002, 第33页。在这里德勒兹则是将他异性与"异化"(alienation)相对举。——译者注

康德的改造,一切都改变了面貌。为什么？想想那变成了直线的时间,我不能再说,重要的东西是作为思想的障碍或阻力、作为思想的限制的空间。现在时间不再从属于空间,它在获得我们所看到的这种形式、这种纯粹形式的同时,获得了一种独立性。并不是时间取代了空间的位置,时间并不是思想的障碍,它是从里面对思想施加影响(travaille)的那个界限(limite)。外部限制的概念被内部界限的概念取代了。时间是对思想施加影响的那个界限,它从头至尾贯穿思想,它是固有的界限,内在于思想的界限,然而在古典哲学中,空间被规定为思想的外在限制。

这一切就好像思想在自身之内有其"敌人"。思想并不是从外面得到它的。这里就有了一种根本的转变。思想时间,就意味着把广延对思想的外在限制的古典图型,替换成从里面对思想施加影响的内在界限这个非常非常奇怪的观念,这种界限完全不是从外面来的,完全不是出自某种实体的不透明性(opacité)。就好像在思想内部,有某种不可能思想的东西。就好像思想被某种它不能思想的东西从里面施加了影响。从此在康德那里,难题再也不是灵魂和身体的统一的难题,即广延的和非广延的两种实体的统一难题。难题再也不是两种判然有别的实体的统一,而是唯一的同一个主体的两种形式(两种形式和两种实体,这是完全不同的)的共存和综合。不是两种实体的统一,而是同一主体的两种形式的综合,这意味着主体不是实体。

不得不统一起来的这两种形式是什么呢？我甚至都不能再说是在同一主体中,因为实体并不内在于主体。它们是为了同一主体的两种形式。现在这个主体要被这条时间的线所贯穿,这个主体就像被两种形式所贯穿,而它本身则无非是综合,即最神秘的点,这两种形式的综合。这两种形式是什么？一方面是思想的形式,另一方面是思想的内部界限的形式。这具体来说意味着什么呢？思想的形式,首先就是"我思"的行动,作为行动或作为规定性的"我思"。说"我思"就是在规定某种东西。规定什么？我们往下看。

同等的思想形式,在最普遍的意义下就相当于"我思",即作为将自身联系到一个主体的思想;但我没有权利说它是一个实体。思想形式的第二个规定性:那就是,如康德所说,"我思"是最贫乏的表象,它是伴随着所有思想的那个最贫乏的思想。自我＝自我(moi＝moi)①,这就是"我思"的那个"我"(je)。"我思"是规定性的普遍形式,但在某种意义上说,我什么也没有规定,在"我思"中,那个规定性是空的。

具体来说,思想的行动是一些概念。我们已经看到,思想的先天行动就是被称为诸范畴的那些特定概念。因此思想的形式,就是"我思"和诸范畴的总和,"我思"和"我"所"思"的东西——即那些范畴或任意对象的谓词——的总和。这就是思想的形式。康德也谈到自发性的形式,因为当"我思"的时候,它就是规定的行动,且它意味着一种能动性,即思想的能动性。在这两种情况下,康德都保留了"自发性"这个词以描述思想的形式。

然而除了这两种思想形式之外还有其他什么形式呢？我们已经看到,还有接受性的形式或直观的形式。直观的形式在这里

---

① "moi"(我)是"je"(我)的宾格形式,德勒兹一方面通过它们来区分"主格"和"宾格",另一方面,也赋予了"moi"一种"ego"(自我)的意味。因此为了区分,我们一般将"moi"译为"自我"。——校者注

也是两种东西。就像刚刚我们看到的,思想的形式是自我,"我思"的"我",而它也是思想行动的概念、先天概念,即诸范畴,接受性的形式就是空间和时间。

有两次两种形式。上次我说过,空间是外在性的形式,时间是内在性的形式,但这并不妨碍这两种形式在这里一同都是直观的形式或接受性的形式。接受性的形式是双重的:外在性形式＝空间,内在性形式＝时间,但这两者都是接受性的形式。另一方面,存在着自发性的形式,它们是"我思"和诸范畴。你们看,这很重要,它自行二分了:你们有了最宏大的二元性:直观形式和自发性形式,接受性形式和自发性形式,这两个大形式中的每一个又都有两个方面。接受性的形式有两个方面:外在性—空间,内在性—时间;自发性的形式有两个方面:"我思"的自我、我＝我(je＝je),还有一些我所思的概念,一些先天概念。

康德的难题是,这同一个主体,即自我,如何能有两种彼此不可化约的形式(一边是空间和时间的不可化约性,另一边是概念的不可化约性)。同一个主体如何能有两种形式? 主要是时间的形式和思想的形式,而且按照时间的形式,它是接受性的、是接受来的(accepté),按照思想的形式,它是自发的、是规定着的,它进行规定。这里根本不涉及灵魂和身体是怎么统一起来的;而对灵魂和身体统一难题的回答,明显要从如此被改写了的难题中得出来,即同一主体的、或为了同一主体的两种不可化约的形式的综合。这就等于说,对同一主体而言,思想的自发性的形式与时间的接受性的形式的综合。

正是在这里,时间成了思想的作者(auteur)。康德的综合显而易见:综合,就是某种分离着或撕裂着的东西,而康德的这种自我被两种贯穿着它且彼此全然不可化约的形式撕裂了。然而和谐从哪里来？这个跛足的主体,既然它如果不在空间和时间中找到自己所思的对应物,就什么也不能思想,并且如果它在思想中没有一种对应物,就在空间和时间中什么也找不到(尽管空间和时间同思想是两种绝对异质的形式),既然如此,这个跛足的主体如何能够运行？就字面意义上来说,这是一个从根本上破裂了的(fêlé)主体,它被一种直线所贯穿,那正是时间的直线。因此我说,第三点,在古典哲学中,思想的他者是他异性的他者;而在康德这里开始了某种全新的东西:思想之内的他者。这是一种异化(aliénation)的他者。康德固然没有用这个词,但后康德哲学家们生产了一种关于异化的基本理论,它将在黑格尔那里显示出其最完善的形态。

他异性他者与异化的他者之间的差异是:前者实际上是一种对思想造成障碍的外在性他者,后者是这种内在的界限。

这种异化是什么？在康德那里,主体的异化就是这样一个事实:它好像被同属于它自己的两种形式——接受性的形式和自发性的形式——的二元性撕裂了。这一下子,我们就几近能理解"我是他者"这个说法的意思了。"我是他者",这首先是兰波的一个说法,是在书信中出现的。其语境要多古典有多古典,纯然是亚里士多德式的,因为在兰波两次评论"我是他者"这个提法时,都是以一种极其古典的哲学作为哲学支撑来提出这个提法的。显然,兰波有一位老师给他讲授亚里士多德课。那个提法出自"七星丛书"1971年版的书信II:"我是他者。木材突然变成了提琴……活该！",以及致保罗·德莫尼的信:"我是他者。如果猛虎醒来……我参与我思想的诞生;我看到它,听到它"①。

亚里士多德对我们说,有质料,然后有为质料赋形的形式。质料是铜,铜号是在这个形式中铸出来的铜。这古典得不能再古典了。兰波将自身类比为一种质料,然后说:思想使我成形。在另一个例子中,木材变成了小提琴,我们赋予它小提琴的形式,然后它就有了相应的能力。

兰波从中引出了"我是他者"这个提法,它显然撑破了上下文。兰波要做的是去寻找诗歌,这是诗人的本分行动。与"我是他者"这个提法相对应的哲学工作,要由康德来做。

我们必须不惜一切代价——因为康德参考了它,即使他没有明说——必须从笛卡尔的 cogito② 出发。我当然想给你们省掉一堂关于笛卡尔的课,但一切都是从这个提法来的:"我思故我在"③,我是一个在思的物。这正是笛卡尔的路线,不过人们把它

---

①此处引文有误,"Si le tigre s'éveille"(如果猛虎醒来),实际应为"Si le cuivre s'éveille"(如果铜醒来[变成了铜号])。两句引文分别出自《"通灵人"书信之一:兰波致乔治·伊藏巴尔》和《"通灵人"书信之二:兰波致保罗·德莫尼》,可参考兰波《地狱一季》,王道乾译,广州:花城出版社,1991,第74、77页。——校者注

②拉丁文,意为"我思"。——校者注

③"我思故我在"原文为"je pense donc je suis",其中"suis"为系动词"être"第一人称直陈式现在时变位,而"être"兼有"是"和"存在"两种意思,所以这句话也可以译为"我思故我是",后文不断提到的三个项"我思、我在、我是什么?"实际上就是"我思、我是、我是什么?"——校者注

概括为"我思故我在"。但完整的提法是："我思故我在/是"①，言下之意是，为了要思就要在(être)，然而我是(suis)什么呢？我是一个在思的物。你们可以看到这种进展：我思，我在，我是一个在思的物。我思＝规定性。我在是某种未规定的东西的位置；我是一个在思的物，被规定了的物。请跟着我，这里有三项：一个规定性，即我思；一个要规定的物，也就是一个存有或一个存在；第三个是被规定者，也就是能思的物。

规定性规定了某种要规定的东西。你们会对我说，如果只有这个，行之不远。所以我有三样东西：我思，我在，我是一个在思的物。"我思"将"我在"规定为在思的物。乍看起来，这似乎无可非议。现在康德来了，说：完全不是这样，他还遗忘了一项，这根本还不够复杂。康德会纠正说，没错，我思＝规定性——这里我们正处在德国哲学降临的时刻——，要思就要在，这也对，所以规定性蕴涵着某种未规定的东西，后者要被规定性所规定。为了一件简单的事情，我需要这个复杂的提法。你们看，我思故我在，这很简单，我思是个规定性，规定性蕴涵着某种未规定的东西，正要被规定性所规定的东西。因此，我思，我在，这行得通。下面康德就做了一个断裂、一个顿挫，他说：我思故我在，很好，但你们从这里面得不出"我是一个在思的物"。在别人以为处在一种无法否认的连续性中的地方，康德看到了一个断层。

为什么从"我思"到"我在"是行得通的呢？再一次，他赞同

---

①参考上注，这句话与前一句话(我思故我在)完全相同，但因为"être"兼有"是"和"存在"两种意思，所以这句话的重音是落在"suis"上，强调"suis"作为"是"和"在"的双重含义，因而才有"完整的提法"一说。——校者注

规定性确实蕴涵着某种要被规定性所规定的未规定的东西。但是,康德说,这依然没有对我们说明,在何种形式下未规定者(即我在)是可被规定性所规定的。

……规定性,未规定的存有,被规定性规定了的存有,笛卡尔认为这里有一种思想的连续性。规定性是"我思",未规定的存有是"我在",规定性规定了未规定者:我是一个在思的物。康德说:我思＝规定性,我在＝我思所蕴涵着的未规定的存有;要有规定性就要有某种要规定的东西。但是现在,还要向我们说明,在何种形式下未规定者、有待规定的东西、应该被规定的东西,还要向我们说明,在何种形式下未规定的存有是可被规定性所规定的。笛卡尔只遗忘了一件事,这就是去定义可规定的形式。所以,并非有三项:规定性,未规定者和被规定者,而是有四项:规定性,未规定者,可规定形式和被规定者。

如果你们明白了这一点,你们就什么都明白了,因为你们已经有了康德的答案了。在何种形式下,这个为我思所蕴含的未规定的存有,在何种形式下它得以被规定？

"我思"是一个规定性,也就是说一种自发性的行动。它蕴涵着一个"我在",但却是一个全然未规定的"我在"。笛卡尔对我们说:好吧,它确实全然未规定,但这又怎么样？因为"我思"这个规定性已经足以去规定它的被规定者,"我是一个在思的物"……他所遗忘了的是,"我思"是一个蕴涵了某种未规定的东西的规定性,但是这也没对我们说明,在何种形式下"我在"是可被"我思"这个规定性所规定的。康德的回答是:"我在"在其下可被规定的形式,显然就是时间的形式。它将是时间的形式。你们会遇到康德自己用一个令人钦佩的提法所定义的那个悖论:内感官(sens intime)的悖论,内在感觉(sens intérieur)的悖论,也就是说,"我思"的能动的规定性规定着我的存有,"我思"的能动的规定性能动地规定着我的存有,但它只能在可规定的形式下规定我的存有,也就是说在空间与时间中的一种被动的存在的形式下。于是"我"固然是一个行动;但却是这样一个行动,即我只能自我表象为我是一个被动的存在者。我是他者。所以我是先验的。

换句话说,"我思"的能动的规定性,只能在空间与时间中的一种被动存在者的存有的形式下规定我的存有。这就等于说,是同一个主体采取了两种形式,时间的形式和思想的形式,且思想的形式只能将主体的存有规定为一种被动的存在者的存有。

第三讲：1978年3月28日

康德对一个叫斯韦登伯格的古怪作者很感兴趣。斯韦登伯格不仅有某种通灵论意义上的精神观，而且他还有一种以通灵论为依据的时空观。为了回答你们的问题，在我看来你们并不是用康德的术语提出难题的。比如，当你们说"我想起了某某某"，就在这时这个人走进了房间，你们就是在一种极其一般的意义上使用这个词，也就是说，所有与一个主体相联系的任何职能的活动都可以叫"想"(pensant)①，无论思想的模式是什么。当你们说，我想起了某人，即我在想象某人，或我在回忆某人，正好碰巧这个人偶然走进房间。我们可以非常含糊和宽泛地使用这些词。但在我们的分析现在所达到的这个点上，康德换上了一种严格的用法，在其中，"想"不会指想象或回忆，或者设想，而仅仅指生产概念。感觉仅仅指接受一种感性的杂多性，把握一种感性的杂多性。想象或者指生产图像，或者指生产符合概念的时空规定性。

因此，请认同我这一点：在我们现在所达到的这个层次上，不

---

①根据上下文，我们把动词原形"penser"译为"想""思""思想""思考"，把它的现在分词(pensant)译为"在思的"或"思想的"，把它的名词形式"pensée"译为"思想"。——校者注

论这些术语的严格的定义和价值是什么,康德都没有把思想、想象、感觉当作相互可以替代的同一类思想的不同模式,而是当作多种特殊的职能。因而当你们说想到某人,而某人这时就进来了时,这里没有任何思想的活动,只有一种想象的行动,突然间有了将这个人给予我的感性的杂多性。这就是康德所说的。

[在《纯粹理性批判》的一段文本中康德说,如果朱砂时而是红的,时而是黑的,时而是重的,时而是轻的,那么我就绝不会有机会——也就是说我的想象力绝不会有机会——把重的朱砂和红色联结在一起……]①如果自然不服从一些具体的规则,就不会有观念的联结。换言之,在我有观念的联结时,就意味着一些事物,而不再是一些观念,意味着这些事物本身服从一些与我们联结的规则相类似的规则。这就是说,如果皮埃尔没来万森纳,或没来过万森纳,那么我就绝不会有机会把万森纳的观念和皮埃尔的观念联结在一起。

我会努力把这个关于职能的故事讲清楚,但是你们可以看到,你们不能援引你们刚才举的那个例子,就以为改变了思想—想象之间关系的难题,因为实际上,它只涉及思想诸形式的一种。因为当我想到皮埃尔而皮埃尔就在这里时,实际上我什么都没有想,因为我没有形成任何概念。我是在想象,或我是在回忆。

在康德这里有件非常非常奇怪的事。康德写三大批判时,《纯粹理性批判》是1781年,康德57岁;《实践理性批判》是1788年;最后,康德最后一部非常伟大的著作是1799年的《判断力批

---

① 参见《纯粹理性批判》,"分析论",第一版,"论想象中的再生的综合"。——校者注

判》,那年他 76 岁。我心想,没有那么多早熟的哲学家。如果他 50 岁就死了,那他就是那种二流的哲学家,莱布尼茨的好学生,随便某个还不错的哲学家。只有一个特例,休谟这个非同常人的特例。他的整个体系,他的全部概念,在他 22 到 25 岁时就全有了,此后他所做的无非是重复和修补。今天,我要谈谈《判断力批判》这部超凡杰作。我之所以说它是一部超凡杰作,是因为它是一门学科的奠基之作,尽管那个词以前就有了。有一门特定学科要在根本上由《判断力批判》来奠基,也就是说,它是一切可能的美学/感性论(esthétique)①的基础。随着《判断力批判》的出现,美学就开始作为一种不同于艺术史的东西而存在了。它确实是一本很难懂的书,别指望每一行都理解,要跟随节奏。

我要稍稍展开讲一下笛卡尔的"我思"与康德的"我思"之间的差异,它在笛卡尔那里显示出的样子和它在康德那里显示出的样子。应该在某种思想加工的层面上进行图型化。在笛卡尔那里已经出现了某种东西,据说它在哲学的演进中有着巨大的重要性:那就是实体,其中某些实体被规定为主体。可以非常图式化地说,这些提法曾是很有帮助的提法。并不是所有实体,而是一种被称为思想的实体(substance pensante)的实体。思想的实体被

---

① "esthétique"一词一般表示"美学",但在康德那里,也有"感性论"的意思,如"先验感性论"。德勒兹曾特别指出,"esthétique"的这两种含义应该被统一起来,以适用于一般的真实经验:"感性论(esthétique)的两种意义混而为一,以至于可感的存在在艺术作品中揭示自身,同时艺术作品显现为实验。"参 Deleuze:*Différence et Répétition*,Paris:Presses Universitaires de France,1968,第 94 页。因此在这里同时保留这个词的两种含义。——译者注

规定为主体。正是这个发现,将给整个所谓的现代哲学打上烙印,而从17世纪以来,是主体性的发现。为什么是主体性的发现?为什么会有对主体性的发现?这种主体性的发现,发现的不是经验自我(你们或我)的主体性。从概念加工的观点来看,如果我说:笛卡尔的我思就是将实体认作主体,那么康德的"我思"就非常不同了。一切就好像又往前走了一步,也就是说,主体性的形式与实体决裂了。主体不再作为实体而是可规定的。主体性从实体性中解放了出来。哲学家并不像科学家们①那样彼此辩驳,他们所做的一切,只是概念的加工。我要试着很具体地讲一讲笛卡尔的概念的加工。笛卡尔从一种著名的、叫作怀疑的操作出发。在一些很漂亮的文本中,他说,"可能我敲的这个桌子不存在""可能我敲桌子的手不存在";谁都清楚这只不过是个说法。文风和内容之间应该还是有差距的。这并不是要说桌子不存在。笛卡尔的难题完全是另一回事,是确定性的根据,也就是说一种去除了所有可能怀疑的确定性。如果我说"桌子存在",它的存在对我来说倒是无所谓的,我寻思的是,它是不是一种在自身中包含着自己根据的确定性。不。桌子当然存在,这是当然的,但这种确定性没有在自身中包含自己的根据。有在自身中包含自己根据的确定性吗?在这之上我要更往上一步:我们说二加二等于四,我们对此很确信。陀思妥耶夫斯基笔下的主人公说:我们能不能不要二加二等于四?而当他说我确信二加二等于四时,它同时也是一个在自身中包含自己根据的确定性吗?为什么二加二

---

① "科学家"原文为"savant",意为"学者""有学识的人""科学家"等,这里与哲学家相对,指科学家。——校者注

就等于四呢？而我们能证明二加二等于四——这很复杂。反过来，笛卡尔认为怀疑的操作可以给我们提供在自身中包含自己根据的那种确定性。也就是说，有一种东西我不能怀疑，我可以怀疑桌子的存在，我可以怀疑一个命题，但我不能怀疑一件事，那就是既然我在怀疑，我就在思。

换言之，怀疑的操作——既然在怀疑，就是在思——，会给我提供一种在自身中包含自己根据的确定性：我思！

这是一个有趣的提法。在一些文本中，笛卡尔甚至说这是一种新的定义模式。这是人的一个定义。为什么这是人的一个定义？在笛卡尔之前，人们就用概念来行事了——经院哲学——，人们首先通过属加种差给出概念。人是一种理性的动物。动物，是属；理性的，是种差。笛卡尔说，当我们给出这一类定义时，我们总是求助于某种假定为已知的其他东西。为了理解作为理性的动物的人，我们假定已知什么是动物，还要知道什么是理性的。笛卡尔要代之以另一种形式完全不同的定义：我思。这非常奇怪，因为不需要知道什么是思。它在思的行动中已经被给予了。这里有一种蕴涵（implication），它完全不是概念之间外显（explicite）的关系，它无非是与思的行动合为一体的行动。

（**怀疑**）当我怀疑时，有一种东西我不能怀疑，那就是在怀疑的自我，我思。自我，这是什么？自我，它是我的身体吗？它不是我的身体吗？我完全不知道，因为对于我的身体，我可以怀疑。唯一我不能怀疑的东西就是：既然我在怀疑，所以我在思。

可以看到，这完全不是那种让怀疑针对[录音不清]的操作，而是另一种操作，它要求一种在自身中包含着自己根据（作为确定性）的确定性。因此，我思，就是我由以规定我的确定性的行动。我思是一种规定性,是一种能动的规定性。不仅是我不能怀疑我的思想,而且没有它我就不能思想,也就是说,从怀疑到思,从思到在,有同一种蕴涵关系。同样,怀疑,就是思,思,就要在。你们看到笛卡尔的提法的进展了:我怀疑,我思,我在。我怀疑,我思,我在:我思是规定性,我在是未规定的存有,我是什么?好了,规定性要去规定未规定的存有。规定性规定未规定者,这就是说,我是一个在思的物。我是一个思想的物。

现在,我所是的东西被规定性所规定了,被规定为一个思想的实体的存有。有人对笛卡尔说,这都很好,但谁来向我们证明并不是身体在我们里面思想呢?是那个时代的一个唯物论者对他这样说的。笛卡尔回答说,就在别人刚反驳过他之后——他很傲慢——他说:你什么都没明白,我从来没主张过不是身体在我们里面思想。准确来讲,他是这样说的:我所主张的是,我对于我的思想所拥有的知识不能依赖于我还不知道的东西。换言之,关键不在于是不是身体在我里面思想,关键在于要指出,在笛卡尔的思考步骤视角中,我对我的思想的认识不能依赖于还不知道的东西,也就是身体,因为怀疑(也涉及它?)。因此,这种思考步骤从逻辑的观点看来,确是一种新型逻辑,因为它不再是靠属和种差来操作的逻辑,而是一种蕴涵的逻辑,因为笛卡尔正在[……]对立于古典逻辑,后者是一种概念之间外显关系的逻辑。他提出了一种新型逻辑,它是一种蕴涵关系的逻辑,一种蕴涵的逻辑。

因此,他用作为规定性的"我思"来进行规定,他规定了思者的存有,而思者的存有被规定为思想着的物的存有。他从规定性走向未规定,从规定性到未规定再到被规定:我是一个在思的物。他使得蕴涵深入自己的逻辑:我怀疑,我思,我在,我是一个在思的物。于是,他发现了在其中实体是主体的那个领域。现在康德出来了。

笛卡尔所断言的是,灵魂与肉体是实在有区分的。它比本体论的分离还要彻底。只是,按照整个传统,什么叫实在的区分呢?这里的用词就像在科学中一样明确。实在的区分,不是两个物之间的区分,它是这样一种区分,是两个物之间的一种区分模式,它是这样一种区分,是两个观念和表象之间的一种区分模式:当我可以不必引入另一个物的任何观念,就能对自己形成其中一个物的观念,对自己表象其中一个物时,这两个物就被说成是实在有区分的。所以,实在的区分以表象为标准。两种全然相区分的物,说到底,是一个没有意义的命题。我们要到实体的层面了。[孔特斯,你在第五沉思之后,对于笛卡尔的理解与我一样多]。在第二沉思中,绝对不可能知道是不是身体在我们里面思想,笛卡尔明确地这样说了。至于灵魂和身体、思想和广延是实在地区别开的(réellement distingués)①——这和实在有区分的(réellement distincts)不是一回事——,作为两种本体论上相分离或可分离的实体,他直到诸沉思的结尾才能这样说。在第二沉思中,当他发现 cogito②,发现"我思"时,他绝对还不能这样说。也正是出于这个原因,在笛卡尔文本所具有的诸多新颖性中,有着某种他非常坚持的东西,这种东西才是沉思的真正新颖性——即使你们不怎么喜欢笛卡尔——,即这是第一本将时间引入哲学话语的书。这里有某种绝妙的东西。他在第二沉思中说的东西,然后才是他在

---

①这里的"区别开的",应理解为可以被分开的。——校者注
②拉丁文,意为"我思"。——校者注

第五沉思中说的东西,这里有一种展开了的时间性,它使得他在第二沉思中不能说他在第五沉思中要说的东西。

并不是所有哲学都是这样的。如果我拿起亚里士多德或柏拉图,那么阅读中有一种相继性,但这种相继性只是合乎某种计时顺序,这就是全部了。而在笛卡尔那里,建立起了一种作为形而上学维度构成部分的时间顺序。粗略来说,在整个中世纪期间,都有一种关于区分的诸形式的理论,每个作者都创造了自己的区分形式,但大体上说,有三种大的区分类型:实在的区分(distinction réelle),模式的区分(distinction modale)和理性的区分(distinction de raison)。如果你们把这三种区分类型和事物本身联系起来,你们就误解了,如果你们赋予它们一种本体论意义的话就误解了。它们还没有本体论意义,它们只有一种表象的意义,也就是说:只有当我可以想 A 而不用想 B,或想 B 而不用想 A 时,在 A 和 B 之间才有实在的区分。你们可以看到,这涉及一种思想的标准,一种表象的标准。例如:两个物可以是实在有区分,但并不是真的区别开的。只有当你们能够对两个物中的一个形成表象而不引入另一个物的任何表象且反之亦然时,这两个物才是实在有区分的。这个打火机在这本书上,它们是实在地有区分的吗?是的,我可以对自己形成打火机的表象,而不必引入关于书的任何表象,所以它们是实在地有区分的。它们也可以是真的被区别开的,只要我把打火机放在我口袋里就够了。在叶子的正面和背面之间有一种实在的区分,我可以对我形成叶子的一面的表象,而一点也不表象另一面。在事物当中,正面和背面不是分开的,但在我的表象中正面和背面对应着两个表象。所以我说,在叶子的正面和背面之间有着实在的区分。所以,在两个并非真的区别开的事物之间可以有实在的区分。

第二类区分：模式的区分。所谓模式的区分，即当我可以思想 A 的时候，我可以在没有 B 的情况下对自己表象 A，但我不能对自己单独表象 B。例如：广延和形状。假设，粗略地说，我可以对自己表象广延而没有形状，但我不能对自己表象形状而没有广延。所以我说，在广延和形状之间，有一种模式的区分。在这一点上——不应该急于把它转换成本体论的——，这完全不是说在事物当中有无形状的广延，可能根本就没有。你们看，同样地，这是一种表象的标准。

第三种区分：理性的区分。就是当我把两个在表象中只能是一体的东西表象为两个的时候。换句话说，理性的区分，就是抽象。当我区分叶子的正面和背面时，我并没有作抽象，因为它们在我的表象中是作为两个东西被给予的，因为有两个表象；但当你们谈论一种没有宽度的长度时，无论这个长度多么小，这里你们都做了一个抽象——既然你们没有任何对长度的可能表象是不带有任何宽度的，不论它多么小。所以在长度和宽度之间，有一种理性的区分。

让人大跌眼镜的是人们谈论抽象的方式，他们根本不懂什么是抽象。哲学有一种像数学一样的技巧和术语。人们大而化之地把抽象这个词用在没有任何抽象的东西上。抽象的难题，是我如何能够把在我的表象中只能作为"一个"而存在的东西当成"两个"。当我有两个表象时，把一个事物当成两个并不困难，但当我谈论叶子的正面和背面时，我没有做任何抽象，因为正面在一个自身就存在着的表象中被给予我了。当我谈论一个没有宽度的长度时，这里我就做了一个抽象，因为我分开了在我的表象中必然一个在另一个中被给予的两样东西。

确实有一个哲学家开启了有关区分的理论。而且中世纪的神学家并不是醉心于上帝的那种人，就好比你们说文艺复兴时代的画家是思想上帝的那种人——不，他们会思想颜色，思想线条，他们从基督的身体上得出的是最古怪的东西。我们称作神学家的那些人，是些发明一种逻辑、一种物理学、一种动力学的人，而中世纪神学的一大要件，就是这种关于区分的理论……好的，到现在为止，都完全无关于事物本身是真的区别开的还是混在一起的问题，因而在 cogito 的整个历史中，我怀疑，我思，我在，我是一个在思的物，笛卡尔只能推论出：我对我的思想所拥有的表象，我对广延的身体所拥有的表象是这样的，即我可以对自己表象我的思想而不对自己表象任何一种广延；我可以对自己表象一种广延而不对自己表象任何我的思想。对笛卡尔而言，这就足以说思想和广延是实在地有区分了。现在还不能补充说，并不是身体在我里面思想……[录音中断]

现在笛卡尔如果要从表象—实体之间的实在区分推论到实体之间的本体论分离，他就需要经过一整套对上帝概念的分析，在这里面他说：如果实体的表象之间的实在区分是这样的，即在事物中并没有一种真的分离、本体论的分离与之相对应，那么上帝就是个骗子，上帝骗了我们，因为世界是两个，上帝是双重的，上帝有一种十足的双重性，因为他造了两个不一致的世界：表象的世界和事物的世界。你们可以看到这牵扯到什么，在哲学上，上帝是个骗子这个事实……这意味着一种关于恶的难题的全新立场。但如果我有能力在表象之间建立实在的区分，在事物之间却没有真的分离与之对应，那么这世界就是两个：我的表象的世界,事物的世界,所以上帝就在不停地骗我们,因为它启示给我们一些真观念,而这些真观念并没有事物与之相对应。

为了回答孔特斯,我要说确实有一段本体论分离的故事,但没有这么快……当笛卡尔能够推论说,因为我能把思想的实体对自己表象为与广延的实体实在地有区分的,而思想的实体和广延的实体在本体论上是两个实体,由此就不是身体在我里面思想了,这时候才变成了本体论分离的问题。但在[第五沉思?]之前,他绝对不能这么说,他只能说:我把思想的实体和广延的实体设想为实在地有区分的,它们是实在地有区分的,因为,再一次,是实在地有区分的和被设想为是实在地有区分的是一回事。它们是实在地有区分的两个事物,这两个事物的表象的发生,无须其中一个蕴含着另一个当中的任何东西。因此他可以说:思想的实体和广延的实体被设想为实在地有区分的,但他还不能断言,不是广延在我里面思想,不是身体在我里面思想。

在我看来唯一有意思的东西,就是这种关于蕴涵关系的观念,但笛卡尔并没有把这个叫作这个,而且自从有了这种在哲学书写中对时间顺序的凸显……[录音不清]

你们会对我说,你们全明白了。

康德在这里要做什么呢?康德要走得更远。这是必须的,相对于前辈哲学家,他要走得更远,只是这个更远的地方并不事先存在,他要把它造出来。康德最漂亮的文本之一是《什么叫作在思想中确定方向?》。在这个非常漂亮的文本中,他发展出了一整套关于思想的地理学观念。他甚至还有一个新方向:他要走得更远,笛卡尔走得不够远:既然他把某些实体规定为主体,就应该走得更远,打断主体和实体之间的联系。主体不是实体。好的。这是什么意思呢？康德要重新开始，我来试着标出要点：他说，"我思"，没问题。也就是说，它是一个能动的规定性，也是在这种意义上，"我思"被康德称为自发性的形式。康德说它是自发性的形式，这看起来挺怪的，但如果你们紧跟着这套术语的话，就都能理解了。它的意思正好是说："我思"是一种规定性——他从笛卡尔那里承接了这一点——，而且每一个概念的生产都伴随着它。我不可能思想一个概念而不在里面包含我思。换句话说，"我思"的"我"是所有概念的主体，或者，如康德所说，是综合的统一性。因此在这一点上康德换了词，但他还是与笛卡尔保持一致。为什么他换了词呢？可以想见：如果他在与笛卡尔还一致的时候换了词，那么这是因为他到了与笛卡尔不一致的时候要用到这个词。这是第一点。

第二点：为了要思，就要在，换句话说，在规定性和一个未规定的存有的位置之间，有一种蕴涵关系。也就是能动的规定性和未规定的存有的位置之间的蕴涵关系。康德总是说："我思"蕴涵着——这里的用词经常变——一种存有的感觉（sentiment）（这里我们可以很清楚地看到这种衍生关系：在笛卡尔和康德之间是卢梭）。有时他会说一种对一个未规定的存有的意识；"我思"蕴涵着一种对未规定的存有的纯意识。直到这里，他和笛卡尔还是一致的。

从这以后，对笛卡尔来说就没有什么难题了。而恰恰是在一个哲学家不再有难题的地方，接下来的哲学家正在到来。对笛卡尔来说不再有难题了，这是因为他有了一个规定性，又有了一个未规定的存有的位置，也就是某种有待规定的东西，接着他就说规定性规定了未规定者。规定性：我思；未规定者：我在；规定性规定了未规定者:我是一个在思的物。

在这里康德说,不。这是德国哲学的诞生——我想起了莱布尼茨。有一些反驳就像是指责。在反驳中总是有些理论上的指责。莱布尼茨就说过笛卡尔:他走得太快了。这就像是个鉴赏判断。康德重申了这里面的某些东西,他说:这言之过急了。康德说:没错,我思是个规定性;没错,规定性蕴涵着一个未规定的存有的位置,但是这并没有说明在何种形式下这个未规定的存有是可规定的。笛卡尔并不在乎这一点,因为他没看到这个难题。

我思,我在,没问题。然而我是什么?① 笛卡尔回答道:"我是一个在思的物",因为他把规定性应用于未规定者。看吧……我所说的变得非常清楚了。笛卡尔进行了一种操作,把那个规定性直接应用到要规定的存有上。他直接把"我思"应用到"我在"上,以便从中得出我是一个在思的物。

康德说:没错,我思,我在。但我是什么,什么是我所是? 一个在思的物吗? 但是他有什么权利这样说呢? 笛卡尔要发火了……康德对他说,但是你被卡住了,你有一个未规定的存有的位置,你就想要用规定性去规定它。你没有任何权利这样做。你有一个规定性,你有一个未规定的存有的位置,你可以永远在这里面绕圈子,你就是不能前进一步。你被卡在这里了。为什么呢? 因为要从中得出结论,就要假定——而你没有权利去这样假定——就要假定这个未规定的存有就像实体的存有或物的存有一样是可规定的。Res cogitans②,用拉丁语来说,思想着的物。

---

① 注意"我在"与"我是"的原文都是"je suis"。——校者注
② 拉丁文,意为"思想着的物"。——校者注

康德说,依据前面所有的东西——也就是我上次试图说明的东西,现象概念的不同寻常的变化,即现象不再指外表而是指显象,在空间和时间中显现的东西——,康德现在可以对我们说,在我们的认识条件下(它在天使那里是怎么样的,我们一无所知),一个存有得以被规定的那种形式,一个存有在我们的认识条件内得以被规定的那种形式,它就是时间的形式。

所以"我思"是最普遍的自发性形式或规定性的形式,而时间是最普遍的可规定形式。笛卡尔的必定带来麻烦的推论,是混淆了未规定和可规定;然而规定性只有作为可规定形式的中介,才能用于未规定者。换句话说,我思,我在,规定性应该规定未规定的存有,但未规定的存有本身只有在时间形式下才是可规定的。只有在作为可规定形式的时间形式下,思想的形式才能规定未规定的存有。

现在,我的存有只能作为时间而被规定。然而如果时间是可规定者的形式,我的未规定的存有可以通过它而被"我思"所规定,那么我从可规定者那里得到了何种形式呢?我从可规定者那里所得到的形式就是时间中的现象的形式,因为时间是现象的显现形式。我显现,且我在时间中对我自己显现。然而,显象、自己对自己显现,还有在时间中显现,这都是什么?

这就是一个接受性的也就是被动的存在者的坐标。也就是说,一个有原因的东西,一个若不产生后果就不能起作用的东西。好的,到头了,在这里康德就要命名内在感觉的悖论、内感官的悖论了:"我思"是一个能动的规定性,它是能动的规定性的同一形式,但它所蕴含的存有即"我在","我思"的能动的规定性所蕴含的未规定的存有,只有在时间中才是可规定的,也就是说,作为一个随着时间的次序和流逝而经受一切变化的、被动的主体的存有。换句话说,我不能——有一个极好的句子,它是我上次说过的"我是他者"的康德版。这是康德在《纯粹理性批判》里说的:确实,我不能把我的存有作为一个我的存有来规定,我只能对自己表象那个我,即我的思想行动的自发性。① 这正是"我是他者"。我对自己表象我的思想行动的自发性,这意味着我把"我思"的能动的规定性,对自己表象为要去规定我的存有的规定性,但它只能将其作为一个并非能动、而是在时间中的存在者的存有来规定。在这里,是时间的线分开了"我思"和"我在"。是时间的纯而空的线贯穿我,在我之中、在作为规定性的"我思"和在时间中可规定的"我在"之间造成了这种裂缝。时间成了思想的界限,思想要不断地面对自己的界限。思想是从里面被限制的。不再有一个广延的实体从外面限制思想的实体、抵抗思想的实体,而是思想的形式整个被贯穿了,像一个盘子一样裂开了,它被时间的线切裂了。它使得时间成为思想自身的内部界限,也就是思想中的不可思者。

从康德开始,哲学以思想不可思者为己任,而不再以思想外在于思想的东西为己任。这条真正的界限贯穿思想,并从里面对思想施加影响。

我们重新发现了我上次试图要说的东西,即我们发现两种形式之间的一种张力。自发性的能动的形式,或者你们也可以说,

---

① 这里德勒兹的转述与康德原文稍有出入,康德的原话参见《纯粹理性批判》,"先验分析论·纯粹知性概念的演绎",第二节第 25 小节注释。——校者注

能动的规定性的形式,或概念的形式,因为它是所有概念的形式统一性。所以,一方面是规定性的能动的形式,另一方面是可规定者的直观的或接受性的形式——时间。这两者彼此是绝对异质的,然而却有一种根本的联系:一个在另一个中施加影响。思想在自身中掩藏着抵抗思想的东西。

海德格尔何以是康德派?他有这样一句名言:我们尚未思想。① 既然他将时间和思想联系起来讲,那么他就在这一点上是康德派。从康德到海德格尔的直接路线,实际上就是时间及其与思想关系的难题。康德所发现的大难题就是,一方面是规定性的形式,或自发性的、能动性的形式,另一方面是接受性的形式或可规定者的形式即时间,这两者间是何种关系。如果我稍微滑动一下,我可以不再说规定性的形式和可规定者的形式,我可以说:两类异质的规定性。你们会问我有什么权利滑这么一下。从规定性的形式即我思,可规定者的形式即时间,到有两类规定性这个观念,这还有待我们去审视。但你们可以感觉到,这是一系列需要论证的滑动的结果。这两类规定性,一边是概念的规定性,因为所有概念都指向"我思",诸概念是"我思"的行动,因此一边是概念的规定性,一边是时空的规定性。这两者是绝对异质的,不可化约的,概念规定性和时空规定性是彼此绝对不可化约的,然而它们却总是相互一致,以至对于每个概念我都能指派一个与它

---

① 海德格尔这一说法最著名的出处是《什么叫思想?》(*Was heißt Denken?*):"最可思者于是展现自身:我们尚未思想(Das Bedenklichste zeigt sich daran, daß wir noch nicht denken)。"参见海德格尔:《什么叫思想》,孙周兴译,北京:商务印书馆,2017。——译者注

一致的时空规定性,就像如果时空规定性被给予了,我就能让一个概念与它相一致。以何种方式才可以这样,这是有待我们审视的东西。

如果你们同意我们刚才定义的那个滑动,这就等于说,康德提出了规定性的形式与可规定者的形式即时间之间关系的难题,且由此颠覆了哲学的要素,或者说,在一个稍明确一点的层面上,不再是"我思"而是诸概念,不再是时间而是空间和时间的规定性;这次就涉及概念规定性和时空规定性之间的关系。

[休息……休息结束]

我们从这里开始:如何解释概念规定性和时空规定性相一致,尽管它们完全不是同一种性质？什么是时空规定性？我们会看到或许有多种规定性。康德在两个非常不同的层面上提出了关于两类规定性的关系问题。这两个层面之一,我们称之为综合的层面；另一个层面,康德称之为图型的层面——对于一个康德的读者来说,混淆了综合和图型,那就完了。我认为,图型也好,综合也好,都是以某种方式将概念规定性与时空规定性关联起来的一种操作。而现在,综合仿佛会被一种令人瞠目结舌的意外事件所炸开、刺穿,为其所溢出,那个意外事件就是崇高的经验。崇高的经验会颠覆所有综合。然而我们只能靠它生活。我们只能靠综合生活,而崇高的经验,它是繁星闪耀的茫茫苍穹,是波涛汹涌的大海……另一种情况,图型,它是我们使得时空规定性与概念规定性相一致的另一种情况,而在这里也有某些条件让我们的图型炸裂,这就是象征或象征主义的惊人的经验。然而整个对崇高的分析,以及整个对象征和象征主义的分析——英国人在康德之前就分析过象征化,但康德的分析的整个新颖性是显而易见的——,都在《判断力批判》中,在他最后的著作中,就好像随着他变老而对灾难变得敏感了。在这双重的灾难中有崇高的挤压,崇高压垮了我,还有象征的爆发,这时我们的整个大地,我们通过综合和图型构造出来的整个知识的大地动摇了起来。

什么是综合?是知觉的综合。但不要以为这是不言而喻的。我可以说,正是从这个对知觉的综合进行分析的层面开始,康德可以被视为现象学的创立者。现象学就是这样的一门哲学学科:它以对显现的事实和显象而非外表的研究为己任。什么是知觉的综合?一切现象都在空间和时间中。在空间和时间中,有一种未定的杂多性(字面的意思)。此外,空间和时间本身也是杂多的:它们不仅是杂多性由以被给予的形式,还给予了我们一种空间和时间自身的杂多性——此地的杂多性和此时的杂多性。时间的所有的时刻都是一个可能的此时,空间的所有的点都是一个可能的此地。因此,不仅有一种在空间和时间中的未定的杂多性,还有一种空间和时间本身的未定的杂多性。因此,对于知觉来说,固然需要有杂多被给予我,但如果我只有这种杂多的被给予,只有这种对杂多的接受性,那么这永远也不会构成一个知觉。当我说,比如我知觉到一顶帽子,我知觉到一本书,这意味着我在空间和时间中构成了一个特定的空间和一个特定的时间。空间和时间是无限可分的:空间的所有部分都是空间,时间的所有部分都是时间。因此,空间和时间自身并不能说明我由以规定一个空间和一个时间的那种操作。我知觉到一块糖:等于我知觉到空间和时间的一个复合体。你们会对我说,空间的,这没问题,我看出来了,是有一种形式,这么一块,但时间的,为什么这么说呢?因为时间参与到我等待这块糖融化的知觉中。当我知觉到一样东西,我就知觉到了这个东西的一种特定的时间性和一种特定的空间性。所以根据康德,这确切地说是一种逻辑顺序,而完全不是一种年代学顺序,他并没有说要从一开始。

有三种操作构成了综合,综合同时作用于空间和时间中的杂多性以及空间和时间的杂多性。综合就是对空间和时间中的杂多性、对空间和时间本身的杂多性进行限制,比如说:这开始了,这结束了,等等。

综合的第一个方面,被康德称之为对诸部分的把握的相继性综合,也就是说:所有事物都是一种众多性,并且有一种诸部分的众多性。我知觉到这些部分,我的眼睛遍视这个事物。你们会对我说,有一些足够小的东西,我一下子就可以知觉到它。对也不对,或许并非如此,这也是可能的。此外,不论多小的东西,在我的知觉中我都能从右边开始或从左边开始、从上面或从下面开始,不会花太多的时间,这是一种高度压缩的时间性①。我会对诸部分的相继性把握进行一个综合。

但这一下子就已经很复杂了,要区分两种情况——我们还没

---

① 时间的"压缩"与"舒张"是德勒兹借鉴自柏格森的一对概念。德勒兹认为,对时间的经验并不是同质而均匀的,而是有着不同舒张或压缩程度的多层。譬如,在舒张程度最大的物质世界即物理学的世界,诸颜色显现为光的振动频率的数值,但在有一定压缩程度的人的经验中就显现为各种颜色。在德勒兹看来,康德在《纯粹理性批判》第一版中提及的三种时间性综合,以及胡塞尔时间现象学的"持留(Retention)"现象等,都是时间被压缩的现象。——译者注

结束。无论如何,对诸部分的把握都是相继的。在有的情况下这种相继是客观的——这已经很复杂了。比如我知觉到一座房子:形式、背景、透视,形式变成背景,等等。这里有一种主观的把握。我从右边开始,或者我从左边开始,然后继续,在这两种情况下,我的把握都是相继的,但这种相继只有主观的价值。我可以从上面开始或从下面开始,从右边开始或从左边开始,这是可逆的,或是可以倒退的,从右边到左边或从左边到右边,我可以说在我面前是堵墙。相继在我的把握中,不在事物中,不在现象中。相反,你们坐在[录音不清],在那里你们也有一种相继,一种对诸部分的相继的把握,但这种相继是客观的。当相继是客观时,你们说:我知觉到了一个事件。当相继仅仅是[主观地]被把捉时,你们就知觉到了一个事物。我们说,一个事件是这样的一个现象,在对其诸部分的相继把握中,相继是客观的。相反,一个事物,就是说其中的相继只是主观的。因此,规定一个空间与一个时间的诸部分的综合的第一个方面,是对把握的综合。通过它我规定了一个空间的诸部分。

假设你们在对诸部分的相继进行把握,假设你们现在处在一种奇怪的情境中,即当你们达到后面的[一部分]时,你们遗忘了前面的部分,这样的话,你们就不能知觉了。应该有一种压缩活动,使得当你们达到后面的部分时,前面的部分还被保留着,否则,如果你们在一边丢掉了你们从另一边得到的东西,就永远不可能达到对一个空间和一个时间的规定。综合的第二个方面,是再生产的综合①。当你们达到后面的部分时,你们要再生产前面的部分,因此,你们不仅要生产相继的诸部分,还要在后面再生产前面的部分。综合的这两个方面,指向什么东西的行动的综合呢?不是接受性的行动——接受性只是空间和时间以及显现在空间和时间中的东西,它是直观。概念又是另一种东西。综合指向想象力,它是想象力的行动。这种想象力的行动很古怪。看看它意味着什么:实际上,我正是通过这两个方面,即对诸部分的把握和对诸部分的再生产,才规定了一个空间和一个时间。然而据康德所说,想象不是编造一些影像,不是想起不在这里的皮埃尔,而是在空间和时间中规定一个空间和一个时间。确实有一种经验的想象力。经验的想象力,就是当皮埃尔不在这里的时候我想起了他,或者我想象皮埃尔,我做梦。但康德称作先验想象力的那种想象力,是一种行动,想象力通过它来规定一个空间和一个时间。它通过把握的综合和再生产的综合,规定一个空间和一个时间。但还需要其他的东西。我现在不再处于空间和时间中的杂多性或空间与时间自身的杂多性的情境中,我现在处于这种情境中:为想象力的综合所规定了的一个空间和一个时间。然而我还不能说我知觉到了。要知觉,就还需要将这种为综合所规定了的空间和时间,或者,同样的意思,这种空间和时间所包含的东西,还需要把它与一种形式联系起来——什么的形式?不是空间或时间的形式,因为空间和时间的形式我们已经有了。究竟是什么其他的形式呢?随着我们的进展你们会看到的。我们从空间

---

①"再生产的综合"原文为"synthèse de la reproduction",即康德术语"Synthesis der Reproduktion"的法译,也译作"再生的综合"。——译者注

和时间的一般形式出发,它是直观的形式,然后想象力的行动规定了一个空间,通过综合的两个方面规定了这个空间和这个时间。这次又是一种形式。不是空间和时间的形式,而是一种时空形式(forme spatio-temporelle)——比如一座房子的形式或者一头狮子的形式——,然而要有知觉,还需要另一种形式。这个空间和这个时间,或者这个规定了的空间和时间所包含的东西,我要把它与一个对象的形式联系起来。

在这个时刻,事情变得难以理解了。我要把它与一个对象的形式联系起来,这是什么意思呢?我可以想象一些感觉,在其中感性被给予物、杂多、感性杂多性没有与一个对象的形式联系起来。我的知觉以这样一种方式而构成,即我把感性杂多性与一个对象的形式联系起来。换句话说,我没有知觉到一个对象。是我的知觉将对象的形式预设为它的条件之一,对象的形式不是某个事物,它是一种空形式。对象的形式,正是这样一种标志,即我所感受到的那些感性的质通过它而被视为指向了某物。这某物是什么?恰当地说,某物 = 无。康德发明了这个极妙的公式:某物 = X。你们会对我说,当我说这是一个桌子或这是一头狮子——这不是无——时,它不是一个某物 = X。但任意对象,对象 = X①,它只有通过我们将其与之联系在一起的杂多性才得到狮子、桌子或打火机的规定性。当我将对象 = X 与由这些东西——风中的长鬃毛,空气中的怒吼,沉重的步伐,羚羊的奔逃——构成的一种杂多性联系起来时,那好,我就说这是一头狮子。然后我说:看,一只老鼠!我想让你们理解的是,无论如何总

---

①关于"对象 = X",参见本书第 25 页正文及注释。——校者注

有一个任意对象,作为知觉的纯形式的对象=X。我并不知觉对象,是我的知觉预设了对象的形式。而这个对象,我根据我把它与之联系起来的这种杂多性、这种空间和这种时间,对它进行具体化(spécifie),对它进行定性(qualifie)。当我把这种时空杂多性,当我把这种时空形式与这个对象=X联系起来时,这个对象=X就不再是X了,我可以说它是一头狮子或者一座房子。而反过来,如果我没有这个对象=X、这个任意对象的空形式,我永远也不能说这是一头狮子或者一座房子,因为并不是感性杂多性、不是感性杂多性中的任何东西,能够说明那种操作,凭借这种操作感性杂多性向着我命名为对象的某物去超越。因此,在空间和时间的形式(直观形式)以外,在规定了的时空形式(想象力的综合)以外,我还需要第三种形式:任意对象的形式,我将时空形式与这种形式联系起来,说"这是什么什么"。

因此,综合的第三个方面,在把握和再生产之后,是康德所说的认出①。当我说"这是什么什么"时,我在进行一种认出。然而,这蕴涵着我借以超越被给予我的东西的一种操作,我超越了空间和时间的形式,我超越了时空纯形式,走向了将要被时空形式规定为这个或那个对象的一种任意对象的形式。

然而,综合的前两个行动,即把握和再生产,越是指向想象力——因为它们就在于规定一个空间和一个时间——,认出就越是一种知性的行动。为什么呢?回想一下,作为知性表象的诸概念,是任意对象、对象=X的谓词。并非所有对象都是狮子,也并

---

① "认出"原文为"reconnaître"(名词形式为"recognition"),即"再次"(re)"认识"(connaître),在有的地方也译为"承认"。——校者注

非所有对象都是红色的,但所有对象都有一个原因,所有对象都是一,所有对象都是诸部分的一个众多性,等等。那些你们能够赋予任意对象的谓词就是知性的诸范畴,就是知性的诸概念。因此认出、认出的形式、任意对象的形式,就不再是想象力的综合,而是[知性?]的综合的统一。

正是这三个方面,把握、再生产、认出,构成了在[另一个知觉?]条件下的知觉。

说两句题外话。在康德的词语中,尤其不要混淆对象＝X和物自身。物自身与现象相对立,因为现象是如其显现的物,而对象＝X则与现象完全不对立,它是一切现象对对象形式的参照(référence)。物自身位于我们的可能认识之外,因为我们只认识显现的东西,而任意对象的形式相反是一种条件。对象＝X的形式是我们的认识的一种条件。

我们再从零开始。我有了综合的整体:对相继的诸部分的把握,对前面的部分在后面的部分中的再生产,对一种任意对象的形式的指向。这样我就把一种时空形式联系到了一种概念形式上:对象的形式。所以康德说……我们再从头开始吧。我们试着分析了一座拔地而起的建筑。一座拔地而起的建筑,这是一种综合。这里面有什么呢?我说过:为了知觉一个对象,我要把握相继的诸部分,但我是如何选择这些部分的呢?这是一件蹊跷的事,因为依照对象的不同,这会有很多变数。把握相继的诸部分就意味着,即使在知觉的层面上,它也已然意味着对可计量单位的一种生动的估值。然而,依照诸对象的本性,并没有恒定的计量单位。在反思中,固然是有的;从知性的观点看来,是有的,我确实有一个恒定的计量单位。我可以固定一个标准——然而,我们会看到,甚至这也不是真的,但我们可以固定一个标准——,比如米,然后我们就说这有多少多少米。但是这明显不是康德用相继的诸部分的把握所要表达的。它就好像一种适合那个对象的质的计量。这是什么意思呢?当我看到一棵树,我打量着,我在对诸相继部分进行自己的把握,我从上面开始,然后一直到下面,也可以反过来,然后我说这棵树有十个人高……我选择了一种可感的单位来进行我对诸部分的把握。然后,在树后面,有一座山,我说这山可真大呀,它有二十棵树这么高。然后我看见了太阳,我寻思它有多少座山那么高,我不停地依照知觉来变换计量单位。我的计量单位必须与要计量的东西相和谐,这里有一些非常惊人的变化。

康德在《判断力批判》中对我们说——他此前是要避免这样做的——,他对我们说知觉的综合的最基本的行动预设了一种逻辑的行动。这种知觉的综合,不管怎样也还是一种逻辑的综合。我说不管怎样,是因为康德与此同时赋予了"逻辑"一种全新的意义。因此我还是应该选取一种计量单位,这种计量单位在每种情况下都会相对于要知觉的东西而发生变化,就好像要知觉的东西依赖于选取的单位一样。对诸部分的相继的把握,尽管指向想象力,却是一种逻辑的综合。在这种把握下,还需要一种统摄①……它不再属于计量这一类,这种被计量预设了的计量单位的统

---

① "统摄"原文为"compréhension esthétique",是康德在《判断力批判》中使用的拉丁文术语"comprehensio aesthetica"(感性的统摄)的法译,相应的德文词是"Zusammenfassung",中译本被译作"总括"或"统摄"。——译者注

摄……康德正在发现把握的综合的一种地基①,即计量单位的统摄——也就是一种对[节奏的估值?]的把握——是如何作出的,因为知觉中想象力的综合要以计量单位的统摄为前提。节奏的估值将允许我们说:好的,我在这种情况下把这个作为计量单位;而诸节奏总是异质的,我们深入其中,就如同在作一种勘探。

在各种计量和计量单位下,有各种节奏,在每种情况下,它们都给予我对计量单位的统摄。在计量之下是节奏。然而灾难就在这里。我们又一次停不下来了。我们拥有综合,我们居于地面之上,而综合就建立在地面之上;我们想往下挖一点,就发现了统摄的现象,然后我们就停不下来了。节奏,是某种出于混沌的东西,还是节奏也是某种能回到混沌的东西?会发生什么呢?把这当成一个故事吧:我看着某个东西,然后我对自己说,我感到眩晕,或我的想象力恍惚了。发生了什么呢?首先我无法选取计量单位。我没有计量单位,这超出了我所有可能的计量单位。我寻找合适的计量单位,但我找不到。每当我找到一个时,它就被摧毁了。这时就像背后有一阵风推着我去选取越来越大的计量单位,但每一个都不合适。这下我就不能进行把握的综合了。我看到的东西和所有计量单位都不匹配。第二个灾难。在慌乱中,我能严格地区分诸部分,完全异质的诸部分,但当我来到后面的部分时,我被眩晕侵袭了:我忘掉了前面的部分,我被推着不断远去,也丢失得越来越多。我既无法对把握进行自己的综合,也不无法对再生产进行自己的综合。为什么呢?因为我所捕捉的东

---

① "地基"原文为"fondation",根据后文的解释,为与"fondement"(基础)相区别,在相应的地方译为"地基"。——校者注

西,触动我感觉的东西,是某种超出了一切统摄的可能性的东西!

我们发现,统摄就是——尽管康德没这么说,但他就是这么想的——,就是对某种作为计量和计量单位地基的节奏的捕捉。你们看到了知觉的综合的整体:我不再能把握相继的诸部分,我也不能在达到后面的部分的时候再生产前面的部分,最后,我不再能说出这是什么,我不再能对这个任意对象进行定性。我的知觉的整个结构都要炸了。为什么?我的知觉的整个结构都要爆裂了,因为我们看到它奠基(fondait)于——不是在基础(fondement)的意义上,而是在地基(fondation)的意义上——,我们看到整个这种知觉的综合的地基是统摄,即节奏的估值。

在此,作为节奏估值的统摄——它充当着计量以及知觉综合的地基——好像受到了损害,被淹没在混沌之中。崇高。

有两种东西被说成崇高。康德的回应:人们说是两种东西的崇高:数学的崇高(说它是数学的,是因为它是广延的),以及力学的崇高(这是一种强度的崇高)。例如:平静的大海的无边景象,这是一种数学的崇高;当天空晴朗时,繁星闪烁的苍穹,这是一种数学的崇高。而当它在我身上唤起一种类似敬重的感觉时,这就是一种力学的崇高。这次,延展的无限性让位于质料的力量的无限、充实空间和时间的力量的强度的无限性。力学的崇高,是波涛汹涌的大海,是雪崩。这次是恐怖。你们想一想,康德在何种程度上已经处在某种德国浪漫主义观念的中心了。我跳过了力学的崇高比数学的崇高更深刻的原因。而我的第二个关于崇高的问题是:它对我造成了什么后果呢?我们可以继续向前推。我不再能把握诸部分了,我不再能再生产诸部分了,我不再能认出某物了,实际上,崇高,如康德所说,就是无形的和变形的东西。

它是仿佛围住整个空间的无限,或仿佛翻转整个空间的无限。我的知觉的综合之所以被取消了,是因为我的统摄本身受到了损害,也就是说,我不再在节奏之中,我陷入了混沌之中。

一切就好像想象力(也就是说知觉的综合)被推到了它自身的极限。妙极了:我们就要在想象力职能的层面上再次发现我们在思想职能的层面上发现了的某种东西。不仅仅是思想与一种内在界限处于同体的、根本性的关系中,想象力本身也被一种专属于它的界限所贯穿,崇高迫使想象力面对它自己的极限。根据康德,美就完全不是这样的,美是在想象力中对对象形式的反思。崇高,则是当想象力面对自身极限时,变得惊慌失措了。节奏和混沌之间的模糊性是很大的。我推荐你们去看看保罗·克莱的那个著名文本,节奏如何出于混沌,灰点(point gris)从自己上面跳过去并在混沌中组织起一种节奏的方式。灰点有双重功能:它是混沌,同时也是节奏,因为它生气勃勃地从自己上面跳过去;它会把混沌组织起来,使得节奏成为可能。塞尚告诉我们,人们从来不看风景。他看某种东西,那是绝对的混沌,"色彩斑斓的混沌"。塞尚说,那就好像是大地的崩塌,一种塌陷。在那一刻,我无非与画合为了一体——现在是塞尚在说话——我们成了色彩斑斓的混沌,诸如此类,那些地质层……翻译成康德的术语,其实就是这样:我从知觉的综合过渡到了统摄……

崇高,幸好它并非在所有时刻都攫住我们,否则那就太可怕了,幸好我们保有着我们的知觉。当康德说,在崇高中想象力被带到它自身的极限处,接着它就癫狂了,像一个乱转的罗盘一样,它在想象那不可想象的东西。好的,在这一刻,康德说,在对数学的崇高的敬重中,或在对力学的崇高的恐怖中,我们都受到了考验。

同时,我的想象力被其自身的极限压倒,那是一种作为其奠基性内核的极限,是无底。想象力的这种无底是什么呢?它是一种使得我在自己身上发现一种比想象力更强大的职能即理念的职能的东西。

问题:我们能说,音乐是崇高的艺术吗?

德勒兹:这并不难。如果我为了你们的方便起见,用哲学史的术语来思想的话,就要区分美的艺术和崇高的艺术。然而,美的艺术和崇高的艺术——在这方面,你们会发现一段很长的历史,这里有叔本华,有尼采——,然而如何区分这两者呢?粗略地说,如果你们乐意的话,一切艺术都建立在某个理念之上;但在美的艺术中,理念像是被中介了的,即它是被表象的。存在着一种理念的表象。在崇高中,意志为自身而显现。尼采,当他固执于悲剧的诞生时,就停留在这种音乐优越于所有艺术的观念中——因为音乐使得理念本身显现出来,与那些被贬斥为表象的其他艺术相对立。

你们肯定会感到,理念不是想象,但同样也不是知性的概念,它是另外的[东西]。因此我们应该留给理念一种非常特别的地位,因为整个崇高的游戏就是这样的:想象力被挫败了,在它自身的极限面前溃败,但我们所感受到的愉悦,就是在我们心中升起了对一种高级职能的意识,那是康德称作超感性职能的东西,它就是理念的职能。

随着康德的出现,人们不再用外在性的语言来思考恶的难题。非常粗略地说,在古典传统中,人们更倾向于说,恶是质料①,恶是身体,是反对着的东西、抵抗着的东西。到康德那里才出现了这个显然来自新教、来自宗教改革的非常新奇的观念,恶是精神的东西的观念。它实际上是内在于精神的,而不是作为外在性的质料。这正是我借康德的界限概念要尝试说的东西:界限不是什么外来的东西,而是从里面施加影响的某种东西。在这里,恶根本上是与精神性联系着的。这完全不像在柏拉图那里那样,哪里有恶,就是因为灵魂堕落了,并且显然体现在身体中。随着宗教改革,人们开始严肃地看待魔鬼了;只是,严肃地看待魔鬼,这或许是个哲学工作。恶不是身体,恶实际上存在于作为思想的思想中。

问题:你可以给出康德那里的因果性定义吗?

德勒兹:有好多种。因果性的第一种定义是:因果性,就是在现象次序中使某物开始的职能。这个简单的定义蕴涵着两种因果性:一种因果性康德称之为现象的因果性,就是说诸现象一个接一个,一个现象使得某种被称为它的后果的东西开始了;第二种因果性被称为自由的因果性——因为现象的因果性是被决定了的因果性——,而自由的因果性,是从某个本身没有被给定(posé)的东西出发在现象次序中使某物开始的职能。

因果性的第二种定义,从前这是唯名论的定义,第二种定义

---

① "质料"原文为"manière"(方式),应为"matière"(质料)误植。——校者注

是:它是当诸现象在把握中的相继与某一客观规则相一致时诸现象之间的关系。例如:顺流而下的船,在这里,相继与一条客观规则相一致,和它相对的是在理性的知觉中的相继,其中不存在因果性。我不能说右边决定了左边,而在对船的知觉中,我可以说前面的状态决定了后面的状态。

第四讲:1978年4月4日

　　今天我要在一个依然很复杂的难题上做到尽可能地清晰。我今天想要更好地展开的只有一个想法,通过它,我不但想帮助你们当中的一部分人更准确地谈论康德,而且还想尝试指出一个惊人的难题在整个康德哲学中的这种展开过程。我今天所要说的一切的中心,就在于:如果我们固执于《纯粹理性批判》,这本康德的名著,那么我们会看到,就引起我们关注的关于时间的主题而言,我们很清楚地看到有两种重要操作。在认识的这两种重要操作之间的共同的东西——因为纯粹理性关注的是认识——,在认识的这两种重要操作之间的共同的东西是,在两种情况下,我们都使得概念的规定性和时空的规定性相一致,尽管它们是异质性的,尽管它们性质不同。

　　我们借以使得时空规定性和概念规定性相一致——不管这种一致性有什么困难,因为它们一度是异质性的——的这两种重要操作,就是那两种综合操作。它们是综合的,原因很简单,它们所以必然是综合的是因为,我们也看到了,一边是时空规定性,另一边是概念规定性,空间—时间和概念是异质的,因此使两者获得一致性的那种行动只能是异质者的综合。两种综合的操作有同一个名字。两种操作同是想象力的行动。显然,想象力不再意味着编造观念或想象什么东西了,因为康德给想象力的行动赋予了一种根本的新意,因为时空规定性通过这种行动获得了与概念规定性的一致性。你们会问我,为什么康德管这个叫"想象力"呢?要明白,康德已经在这样一个层次上,他在一个比以往的哲学都要深刻得多的层次上把捉想象力;想象力不再是产生种种影像的职能,它是按照合乎一个概念的方式规定一个空间和一个时间的职能,但它既非从概念中引出,也与空间和时间的规定性有不同的性质。它实际上是生产性的想象力,与再生产性的想象力相对。当我说:我想象我的朋友皮埃尔,这就是再生产性的想象力。对于皮埃尔,除了想象他之外,我也可以做其他事情,我可以对他说你好,可以到他那里去,可以回忆他,这都与想象他不是一回事。想象我的朋友皮埃尔,这是再生产性的想象力。反过来,按照一个概念去规定一个空间和一个时间,但又是如此来规定,即这个规定性不能从概念自身中引出来,使一个空间和一个时间同一个概念相一致,这就是生产性的想象力。一个数学家或几何学家做的是什么?或者,换个说法,一个艺术家做的是什么?他们就是要从事空间—时间的生产。

建立起空间—时间同概念的一致性的两种综合的操作。我要说,康德给它们赋予了非常严格的名字,而混淆这两种操作是大错特错的。其中一种被冠以本义上的"综合"之名,即作为生产性的想象力的行动的综合;而另一种——也同样是综合的——康德给它留了另一个名称,即"图型"。图型也是生产性的想象力的操作。我们的难题之一是,一种本义上的综合和一个图型之间的差别是什么。我们已经看到了它们的共同点:在两种情况下,都涉及与一个概念相一致地规定一个空间和一个时间。但我的第二个难题是,如果我们不固执于《纯粹理性批判》,如果我们一直推到康德最后的作品之一,在那里康德越钻越深,也就是说,如果我们面对康德的最后著作即《判断力批判》时,如果我们看到它对《纯粹理性批判》的反动,就会觉察到在《判断力批判》中,康德向我们揭示了一种惊人的双重冒险:作为想象力的行动的综合如何能被一种根本的经验即崇高的经验所溢出;因此在综合中,有一种极具脆弱性的操作:某种从底部(fond)而来的东西,时刻有着[录音不清]这种运作、淹没这种操作的危险。只是通过一种简单的摧毁淹没它吗?不,可能是为了揭示另一个层次,即揭示崇高,所以想象力的综合就有被另一种行动,或被另一种激情、一种想象力的激情所溢出的危险,这种激情就是崇高的景象和经验,这时想象力在其自身的底部站不住脚了。

另一方面,它既是天才的,同时又是以对称的方式进行的,这非常奇怪,它确实是古典主义—浪漫主义的铰接点。《判断力批判》确实是所有浪漫主义者都抓住不放的那本大作。他们都读过它,这对整个德国浪漫主义都是决定性的。但另一方面,我们也在另一种形式下经历了这同一个冒险。图型是想象力的另一种行动,正如综合有可能被某种来自想象力底部的东西即崇高的经验所溢出一样,图型——从认识的视角来看,它是想象力的另一种行动——也有可能被某种异常的东西所溢出,这种东西,据我所知,康德是第一个分析它的人。它就是象征主义。正如崇高时刻都有溢出想象力的综合行动的危险一样,象征和象征主义的操作也时刻都有溢出想象力的另一种行动即图型的危险。因而在象征主义和崇高之间,明显存在着完全的呼应关系,就好像它们使得一种对于认识来说不可化约的底部突然出现了,而这个底部证明在我们身上有另一种不同于简单的认识职能的东西。感受一下,这有多么美。

但我们要先讨论一件更理性、更乏味的事:图型和综合之间的差别是什么?上一次我已经试着说明了什么是综合。作为想象力的行动的综合就在于此——但我想让它变得十分具体,好在我们就在这个世界中,而这个世界中就有康德式的现象。如果在这个世界中,你们遇到了一个典型的康德式的现象,那么这就太好了,这时候就要用康德的方式说话。它们是一些只有通过康德式的眼镜才能把捉的现象,否则你们就与之擦肩而过了。综合和图型永远是使概念规定性和时空规定性相一致的行动。是什么定义了与图型不同的综合呢?综合是此时此地作出的想象力的行动。如果没有你们在此时此地对你们想象力进行的一种操作,就没有综合。例如,此时此地,你们看到了一种杂多性,或者说此时此地你们看到了空间与时间的一种组织。你们会想到,这个空间和这个时间还没有被规定:即在空间和时间中有某物。你们还要进行一种综合,它会给予你们一个特定的空间和一个特定的时间,这样你们就进行了一种隔离:如果你们说"这是张桌子",你们就按照一个概念对空间和时间进行了一个综合。先有桌子这个概念,然后你们进行了综合,你们对一个特定的杂多性进行了一个综合。因此综合的原则就是认出,这就是这个。综合以认出过程为规则。这样一来综合就必须在此时此地进行了:看,这是座房子。综合由什么构成呢?上次我们已经看到了:对诸部分的相继的把握、对这个把握的综合、在后面的部分中再生产前面的部分;因此综合的这两个方面,把握和再生产,就是我用来规定某个有限的空间和时间的东西。

概念是我按照我对自己所综合了的杂多进行了定性的对象的形式：这是张桌子，这是座房子，这是只小狗。

因此，在综合中，我使一种空间和时间的规定性与一种概念的规定性相一致，空间和时间的规定性由把握和再生产的综合来做出，概念的规定性则求助于任意对象的形式，而这种对象的形式要由杂多——综合就是对它而做出的——来规定。我几乎要说，在综合中，我从时空规定性出发进展到概念规定性，而我的出发点就是此时此地。你们可以看到，在一开始，我只有任意对象的概念，我只有任意对象的形式，即概念的空形式，对象＝X。它为什么是一个概念呢？因为它完全没有包含在感性杂多性中。因此，作为概念的纯形式，我只有任意对象的形式，而想象力的综合要让一个时空规定性与任意对象相一致，以便任意对象被具体化为这个或那个对象：这是座房子，这是张桌子。

在康德那里，这非常奇怪：当这样行不通时，他就发明出某种不存在的东西，但这于事无补。图型。试想把你们放在相反的处境中。你们先有了概念，然而你们从概念出发。于是，图型的路线就不再是在此时此地，不是你们的生产性的想象力在此时此地所做的事，即去对空间和时间进行规定。相反，图型是这样一种操作，当你们这样做的时候，你们是把它当作在任何时候都有效的那样来做。"这是一座房子"，这并不是在任何时候都有效的。回想一下综合的规则，那是认出的规则。图型：你们有一个概念，难题在于对与这个概念相一致的时空关系进行规定。综合正好相反，它是：你们进行一种时空操作，然后你们根据这个规定性去把概念具体化。因此，任何时候都有效的图型的规定性，将在另一种意义上与只有在此时此地才有效的综合的操作相一致了。

在这里,你们先有一个概念,然后去寻找一种可能与之相一致的时空规定性。这是什么意思呢?当我说:直线是点点并列的线,这是欧几里得的定义,我似乎就有了一个直线的概念。你们会对我说,是的,但它已经是空间的了。没错,它是空间的,但对于空间,我也可以为自己形成一个概念。定义成点点并列的线的直线,这还没有给予我任何规定性。从空间—时间的直观出发进行到概念的综合,是按照认出的规则进行的,而图型则相反,是按照生产的规则进行的。一个概念被给予了,我如何才能在直观中把它生产出来呢?也就是说,在空间和时间中,生产一个合乎概念的对象。在空间和时间中生产,这就是图型的操作。换句话说,图型不是指向认出的规则,而是指向生产的规则。

对一座房子的综合是认出的规则,我是根据这种规则才说"这是一座房子"的。你们会在一些彼此很不同的东西面前说"这是一座房子"。当你们把某种被给予物与任意对象"这是一座房子"联系起来,你们就对它进行了一个综合。房子的图型就很不一样了,它不是贯穿任意杂多性的一种认出规则。房子的图型是一种生产的规则,也就是说,你们可以给予自己一个房子的概念。我举一个功能性定义的例子:房子＝用来住人的一个整体,这仍然没有给予我一种生产的规则。房子的图型,是那种允许我在经验中、在空间和时间中生产某种东西、生产一些合乎概念的对象的东西。但它并不是出自概念。你们尽可以颠来倒去地在各种意义下考量这个概念,用来住人的一个整体,但你们无法从中得出生产规则或房子的构造规则。如果你们有了生产规则,你们就有了图型。

从研究判断的角度来看,这是非常有意思的。请你们想想下面两个判断:"直线是点点并列的线",在这里你们有了一个逻辑的或概念的定义,你们有了直线的概念。如果你们说"这条直线是黑色的",你们就有了一次与经验的相遇,因为并非所有直线都是黑色的。而根据康德,"直线是从一点到另一点的最短距离",是一种非同一般的判断。为什么呢?因为它不能被化约为我们刚才所见的那两个极端中的任何一个。什么是最短距离?康德对我们说,最短距离,就是一条作为直线的线的生产规则。如果你们想得到一条直线,你们就要取最短距离。它根本不是一个谓词。当你们说直线是最短距离时,你们好像把最短距离当作一个属性或者一个谓词了,但实际上它根本不是一个谓词,它是一种生产规则。最短距离是作为直线的线在空间和时间中生产出来的规则。为什么是在时间中呢?在这里你们就应该理解,为什么时间在这一刻,乃至在任何时候,都比空间更深刻了。最短,我们不可能离开时间来定义它。为什么它是一种生产规则?如果有人对你们说:你们想划出一条直线,好吧,取最短距离吧!这时这个人就不再理解这个判断了,他说出了这许多东西,但并不知道自己说了什么。再说一次,在历史上,"直线就是从一点到另一点的最短距离"这个判断,从几何学的角度看,其实有着非常非常精确的蕴涵,也就是说,尽管直线的欧几里得式定义或概念的定义就是点点并列的线,但从另一个角度看,从一点到另一点的最短距离,却是一个阿基米德式的观念(notion),而阿基米德几何学有着与欧几里得几何学完全不同的原则。"直线是最短距离"这个观念,如果离开了作为对异质者进行比较的一整套计算,就是毫无意义的。你们在这里又可以找到综合的主题。异质者不是不同种类的线,直的或不直的,而是曲线与直线的对照(confrontation)。这是有关最小角度——由切线与曲线形成的最小角度——的阿基米德式主题。最短距离是一个与那种在古代被称为穷尽法的运算分不开的观念,在这种算法中,人们通过一种综合的对照来处理直线和曲线。由此,划出一条曲线的切线,就是一种生产规则。所以,在这种意义上我可以说,不管表面上如何,直线是最短距离,必须看到,最短距离不是直线的一个属性,这也没什么好奇怪的,因为"最短"是一种关系。一种关系,就不是一个属性。当我说皮埃尔比保罗小得多时,"小得多"并不是皮埃尔的一个属性。甚至柏拉图也早就说过,尽管皮埃尔比保罗小得多,他也比让(Jean)大得多。一种关系不是一个属性。

"最短"是一种规则,从它出发我可以在空间和在时间中生产出一条作为直线的线。换句话说,对于一个概念的规定性,即直线是点点并列的线,我使一个时空规定性与它一致,我可以通过时空规定性在经验中想生产多少直线就生产多少。

在康德一位遥远的继承人即胡塞尔那里,也有这样一种东西让我很感兴趣,但是胡塞尔,我相信他还是错失了某种东西。胡塞尔对我们说:取两头,在一个链条的两端,你们就会得到一些纯粹的本质。比如圆,作为几何学的纯粹本质。然后,在另一头,你们在经验中有对应于圆的东西。我可以为这样的东西列一个开放的清单:盘子、车轮子、太阳。用专门的术语我可以说,所有这些经验中的东西,轮子、太阳、盘子,我都将它们归摄到圆的概念之下。你们是不是看不到在自康德以降一直都非常重要的这两个极端之间,有一系列的中间部分?但是一些观念,应该被体验到,抽象也是体验,两者确实是一回事。当事情变得非常非常抽象时,你们就可以对自己说,这关乎某种体验的东西了。我们已经知道,这个"在两者之间"不是一个混合物,它是康德所发现的一个领域。举一词为例:"圆形的"(rond)。我总可以说,圆是圆形的。圆的概念规定性是:到一个名为圆心的公共点的距离相等的点的轨迹。这是概念规定性,而圆的经验规定性或者诸经验规定性是盘子、轮子和太阳。当我说:"啊,多圆啊!"——刚才我说,两个极端分别是概念地规定为点点并列的线的直线,以及"这条直线是黑色的",后者是经验中的一次相遇,直线的一个特例。但在这两者之间,作为一个全然特殊的领域,有"直线是最短距离"。

现在,在圆和圆在经验中的诸实例(我几乎要说是圆的诸影像)之间:盘子是圆的一个影像,轮子是圆的一个影像,但我还有一个非常古怪的东西:一个圆形的!对一个"圆形的"做逻辑分析是非常奇怪的。我要说同样的话了:如果我们在对"圆形的"的分析中走得足够远,我们就会看到它是一种生产规则。一个圆形的,它是旋转(tour),比如,哦不,圆形的是允许我们进行旋转的那种东西。

旋转是允许我们将某种质料做成圆形的那种东西。圆形的,明显应该以动态的方式把它当作动态过程来体验。就像"直线是最短距离"蕴涵着一种操作,一条曲线的长度和一条直线的长度通过它而被作了比较,也就是说,通过它发生了一种曲线的直线化;同样,圆形的也蕴涵着一种操作,通过它经验中的某物被搞成圆的(arrondi)。正是旋转这一类的生产过程允许我们在经验中生产合乎圆的概念的东西。

胡塞尔明显搞错了的地方,是当他发现这个"圆形的"的领域时——我们刚才指出过为什么圆形的和最短完全属于同一个领域、同一个存在领域——,胡塞尔搞错了,是因为他将它当成了不

精确的本质,就好像是些从属性的本质。① 在我看来,康德所走的

---

①德勒兹在以上几段中归于胡塞尔的这种思想,在《千高原》中亦有提及:"胡塞尔讲过一种原几何学(proto-géométrie),它诉诸各种模糊的形态学的本质,即是说流浪的或者游牧的本质。这些本质与可感的事物不同,但与那些理想的、皇家的、帝国的本质同样不同,处理这些东西的科学,原几何学,在流浪的意义上自身就是模糊的:它并不像可感事物那样不精确(inexacte),也不像理想的本质那样精确,而是非精确却严格的(anexacte et pourtant rigoureuse)('本质上而非偶然地不精确')。圆是一种理想的、器官式的(organique)固定本质,但'圆形的'是一种模糊的、流动的本质",以及"在胡塞尔那里(也在康德那里,尽管是在一种相反的意义上,圆形的作为圆的'图型'),我们察觉到对游牧科学之不可化约性的一种十分公允的评价"。德勒兹在《千高原》注中写道,胡塞尔的相关文本是《观念 I》第 74 节和《几何学的起源》,但对于后者,德勒兹所援引的其实是德里达为之做的著名的导论(第 128-135 页),包括"圆形的"这个例子,以及"非精确"的说法,实际上亦出自德里达的这个导论。可见,尽管德勒兹在这里扬康德而贬胡塞尔,他用以说明康德的图型化概念的思想实际上借鉴自胡塞尔,或者德里达所解释的胡塞尔。只是,在 1978 年的康德讲座和稍晚(1980 年出版)的《千高原》中,德勒兹对胡塞尔这一思想的评价是相反的:在前者中强调模糊本质的不精确性对于精确本质的从属关系,在后者中则强调这种不精确性是一种独立的"非精确性"。至于这两种评价是否是公允的、对于哪个时期的胡塞尔是公允的,或者只是德勒兹各幕不同的"哲学戏剧"中的表演而已,则不是这里可以辨明的问题了。参 Gilles Deleuze: *Mille Plateaux*, Paris: Les Éditions De Minuit, 1980, 第 454-455 页,以及 Edmund Husserl: *L'origine de la géométrie*, traduction et introduction par Jacques Derrida, Paris: Presses Universitaires de France, 1962。至于"rond"一词的译法,方向红译《胡塞尔〈几何学的起源〉引论》译作"圆形"(南京大学出版社 2004 年版,第 146 页),李幼蒸译《纯粹现象学通论》("观念 I")亦将表示相应领域中诸本质的词译作"齿形的""凹形的",等等(商务印书馆 1992 年版,第 208 页),因而这里循例译作"圆形的"。——译者注

方向更为有力,他恰恰将这个领域当成了生产性的想象力的行动。在这里你们就能看清,为什么生产性的想象力比再生产性的想象力要更深刻。再生产性的想象力,是当你们能想象各种圆、各种具体的圆的时候,是你们能想象一个用红粉笔画在画上的圆,你们能想象一个盘子的时候……所有这些都是再生产性的想象力。但是旋转,它允许你们做出圆形的东西,允许你们把东西搞成圆形的,即在经验中生产出合乎圆的概念的某种东西。它不依赖于圆的概念,它不是从圆的概念中引出来的,它是一个图型,它就是生产性的想象力的行动。

你们可以看到,为什么康德感到有必要去发现一个不同于只是经验的或再生产性的想象力的生产性的想象力领地。你们可以看到图型与综合的差异,如果你们理解了这个,那么我就完成了我的第一点,即在认识范围里,两种基本的行动之间的差异所在:图型法与综合。

图型法并不是反思性判断的一个特例,而是规定性判断的一个维度。我会应要求讲一下反思性判断的故事。

"后天的"就是在空间中和在时间中的东西。比如盘子、轮子、太阳。一种生产规则,只是一种合乎概念的空间和时间的规定性。换一种情况。你们要给自己形成一个关于狮子的概念,可以通过属加种差来定义它。你们可以这样来定义它:大动物、哺乳类、有鬃毛、爱吼叫。你们形成了一个概念。你们也可以给自己形成关于狮子的各种形象:一只小狮子、一只大狮子、沙地上的一只狮子、山上的一只狮子。你们有自己的关于狮子的形象。但狮子的图型是什么呢? 在这种情况下,但不是在所有情况下,我可以说,概念就是类的规定性,或者就是通过属加种差得到的规

定性。经验中的形象是这个类当中的所有个体,而狮子的图型,是这样一种东西,它既非狮子的样本……[录音中断]

……存在着时空的节奏,存在着时空的步伐(allures)。人们会谈到动物的领地(territoire),也会谈到动物的领域(domaine),还有它们走过的路径,它们在自己领域中留下的踪迹,它们经常出没某条路径的时辰等等,所有这些都是一种你们不能从概念中引出的时空动力论(dynamisme)。我不会从狮子的概念中得出狮子居于空间和时间中的方式。从一颗牙齿出发,你们可能会得出关于某种生活模式的一些信息:这是个食肉动物。但实际上一只野兽的时空动力论,它确实是——我不能说是它的生产规则——但那是某种生产性的东西,它是动物在经验中生产一个合乎它自身概念的时空领域的方式。狮子是康德派,所有动物都是康德派。蜘蛛的图型是什么呢?蜘蛛的图型,是它的网,而它的网是它占据空间和时间的方式。证明就是:蜘蛛的概念,我不知道是怎么样的,但我们可以给自己一个蜘蛛的概念,蜘蛛的概念包含了蜘蛛所有的解剖学部分甚至生理功能。于是我们就会遇到蜘蛛用来织网的那个奇怪的器官。但是,你们能从这里面把现在可以称为蜘蛛的时空存在的那种东西,以及网与蜘蛛概念的一致性、即网与蜘蛛机体的一致性都推导出来吗?这非常有意思,因为随着蜘蛛种类的不同,事情会起很大的变化。有一些很不同寻常的蜘蛛的例子,当你们废掉它们一只并不是用于织网的脚时,它们却会织出相对于它们自己种类来说是畸变的网,它们会织出病态(pathologique)的网。发生了什么呢?就好像有一种空间和时间的错乱对应着这种毁伤。我要说,动物的图型,就是它的时空动力论。

胡塞尔之后，在康德曾经起过决定性作用的地方，有过各种各样的试验，我想到了一个奇怪的学派，它一度有过一些成就。那是伍茨布尔（Wutzbur）学派的心理学家们，他们和康德的学统有着紧密的联系。他们做了各种各样的心理学实验。他们说有三种东西：有靠概念运行的思想，然后有把握事物的知觉，最后，如果必要的话，还有再生产事物的想象力。但他们说还有另一个维度，他们给它起了个奇怪的名字。他们谈到意识的方向，或意识的意向，或甚至是空意向。什么是一个空意向？我想到一只狮子，一只狮子的形象就向我而来；我想到一只犀牛，我就正好在向我的精神而来的形象中看到这只犀牛，这就是意向。我有一个意识的意向，一个形象就来充实它，犀牛的形象。然后他们就在这方面做实验，这是实验室心理学。他们给出了游戏规则，你们要笑了：你们不要再让自己有形象，给你们一个字，你们进行一种瞄准（visée）①，它既要排除所有形象，又不能是纯粹概念的。它会给出什么呢？某种意识的定向，比如某种时空方向。这越抽象越好。这是要让我们相信，有三种可能的意识的态度：抽象的思想意识，比如无产阶级，在说要为无产阶级而工作时，第一反应是：无产阶级＝定义为……的阶级，等等。我会说这是无产阶级的概念定义。这是面对一个词语时意识的某种态度：通过这个词，我瞄准了（viser）概念。意识的第二种态度：通过无产阶级这个词我

---

① 在胡塞尔作品的法译中，德文词"meinen"（认为、想要、指的是……）及其变式在一些情况下翻译为法文词"viser"及其变式，中译本一般将前者译作"意指"或"意谓"。这里为了与下文中的动词原形"viser"（瞄准）相呼应，仍译为"瞄准"。——译者注

想起了一个人,一个无产者:"啊,我是见过一个!"这实际上是经验的态度,一个形象。萨特在他的著作《想象》中揭示了第三种态度,即伍茨布尔那一类经验的态度,而且他还描述了人们对此的回应:我看见向前奔流的黑色人群。他定义了一种节奏。这就把握到了意识的一种态度,一种占据空间和时间的方式:无产阶级不会像资产阶级一样填满空间和时间。在这个时刻你们就有了图型。或者还有另一种方法,就是取一个对你们来说是空洞的词,你们不知道它的意思:在一首矫揉造作的诗中,你们会形成意识的方向,你们不会去联想,而是形成一种模糊的意识的方向,一种纯粹时空体验上的开放。一个意识如何从已经理解的一个词的响声出发去给自己定向呢? 在这里你们就有了一整个时空动力论的维度,它有着某种与图型相似的东西。

图型还可以再细分,但尽管概念依照属和种来细分,图型却有另外一种划分方式。实际上当我说真正的圆的图型是旋转时,它其实是个次级图型,因为旋转已然蕴涵着某些方式,旋转是为了在经验中获得某些东西的生产规则,但其条件是质料要有亲和性(affinités)。在其他情况下就要其他的东西。我不知道自行车的轮子是怎么做的? 当现象学、然后海德格尔、然后各种精神病学家去定义在空间和时间中的存在方式,定义时空体(bloc)、节奏体或时空复合体(complexe)的时候,我要说,所有这些都来自康德。人种学家构造了关于人的种种图型,因为他指明了各种方式:一种文明是通过一种时空体、通过某些会使人的概念变得多样的时空节奏,而在其他文明中把自己区分出来的。显然,一个非洲人、一个美国人和一个印度人不是以同一种方式居于空间和时间中的。有意思的是,即使在一个限定的空间,我们也会看到不同的时空附属者的共存。不过我同样也可以说,一个艺术家是靠时空体来行事的。一个艺术家,首先是个精于节奏的人(rythmicien)。什么是节奏?它是一个时空体,一个空间的—时间的整体。然而每当你们有了一个概念的时候,你们还没有事物的节奏性(rythmicité),而事物是从属于它的。一个概念,最多只能给你们提供计量(mesure)或节拍(cadence),即一种同质的计量,但节奏性是一种与同质的计量完全不同的东西,一种和节拍完全不同的东西。

我要进入我的第二点。你们回想一下,我们已经看到了相对综合而言的这种崇高的冒险。康德觉察到,出现在认识中的想象力的综合,建立在一块有着另一种性质的土地上,也就是说,想象力的综合在其所有方面都以一种统摄为前提,一种既对要计量的东西又对计量单位的统摄。要明白,统摄不是综合的一部分,它是综合建立于其上的土地。我说过,它不是综合的基础(fondement),而是综合的地基(fondation)。在康德发现这片土地的同时,他也发现了这片土地超凡的生命力。他不可能发现这片土地而看不到这片土地是[录音不清]的。为什么呢?因为综合建立于其上的那个东西根本上是脆弱的,因为作为所有有效的计量前提的、对计量单位的统摄,在每一时刻都可能被溢出,也就是说,从综合的土地上,时刻都有可能喷出一股来自地下(sous-sol)的冲力,而这个地下会使综合炸裂。因为综合建立在计量单位的统摄之上,而这种统摄不可化约为认识活动。为什么它非常脆弱呢?因为每时每刻,在空间和时间中都有某类现象,可能会颠覆计量单位的统摄,那就是崇高,在这里想象力面对着自身的极限。想象力遭遇了它自身的极限,它不再能为知性概念服务了。为知性概念服务,就是合乎知性概念地规定空间和时间,但是在这里它无法再这么做了:想象力在自身的极限面前被卡住:浩瀚的大海,无尽的苍穹,所有这些都颠覆了它,它发现了自身的无力,它开始支支吾吾了。也就在同时,综合的土地被发现了,也就是统摄,还有综合的地下,即翻转了那土地的崇高。不过令人安慰的是,就在想象力自知其无力、不再能为知性概念服务时,它也让我们在自身中发现了一种更美妙的职能,它就好像是面对无限的职能。因此,在我们为我们的想象力感到痛苦,因它变得无力而随之备受煎熬时,在我们里面却觉醒了一种新的职能,超感性者的职能。

当暴风雨平息、雪崩结束,我又找回了我的综合,但曾有一个时刻,认识的地平线被某种来自别处的东西所穿过,那就是并非认识对象的崇高的爆发。

要把自己放到康德的位置上,设想他已经发现了所有这些。他对自己说,对于图型,也应该有一种类似的东西。图型也是一种认识活动,我们已经看到了它与综合的关系,图型肯定也要画出它自身的界限,肯定也有某种东西溢出了它。肯定有某种不同的东西,那是另一种冒险。没有理由用与艺术和科学不同的方式对待哲学。它们之间有区别,但不是在人们所以为的那个层面上。下面就是图型的图示①。

我在上端画一个白色的大圆,在旁边标上 A。解释一下:这

---

①德勒兹在这里玩了一个文字游戏,前一个"图型"(schème)指要说明的康德的图型概念,后一个"图示"(schema)则指他此刻所画的板书上的图形。——译者注

个叫 A 的白色大圆是 a 的概念。a 的概念。我又垂直画一条虚线，注意是虚线，在一端加上一个箭头，在箭头顶端底下，我标上 a。我会解释的，但是是为那些想看整个图示的人：从箭头顶端底下的那个 a 出发，这回我画一条实线，一组辐射状的小箭头，在每个小箭头下面，我标上 a'，a''，a'''。大写 A 是 a 的概念。在虚线箭头的顶端我有一个 a，那是 A 的图型，也就是 A 的时空规定性。如果我举一个例子：A 是圆的概念，a 是"圆形的"或者圆的图型，即生产规则。然后 a'，a''，a'''，就是合乎图型并被图型归并到概念下的经验事物。所以在我们之前的例子中，a' = 盘子，a'' = 轮子，a''' = 太阳。为什么从概念到图型的箭头是虚线的呢？就是为了巧妙地表示在《判断力批判》中康德拿来与图型相对立或相区别的象征，那属于康德最可赞叹的篇章。好，现在变得复杂一点，这里有了两个图示。

A = 概念。a = 概念的图型，即时空规定性。B，虚线箭头和 b。我们需要这个来做一个图型。我来举几个例子。第一个例子：A = 太阳，a = 升起（时空规定性）。让我们说这是概念的自我图型化。B，概念的德性①，b：图型或直观 = x？

第二个例子：A = 太阳，a = 落下。可以看到，这是两个次级图型，升起和落下，我可以把它们放进一个单独的图型里。B = 死。b = 直观 = 死的 x。

第三个例子：A = 磨。a = 某种蕴涵着一定空间—时间的磨，也就是说不是磨的一般图型，而是与一种磨 = 手磨相对应的一种

---

① "概念的德性"原文为"la vertu du concept"，根据上下文，应为"德性的概念"（le concept de la vertu）之误。——译者注

特定的图型。B＝独裁制度。b：直观＝？ ＝x。

如果你们理解了这些例子,我来做两点评论。如果你们使用图型或直观 a 的时候,不是与相应的概念 A 相联系,而是与一个全然不同的概念 B 相联系,而对于 B 你们没有图型的直观,那么就有了象征化。在这时,图型不再是一种与它的概念相联系的生产规则,而是变成了一种与其他概念相联系的反思规则。这样你们就有了这个康德式的链条:综合指向认识的规则,图型指向生产的规则,象征指向反思的规则。

为什么我会没有与这个概念相应的直观呢？有两种可能的情况:或者是由于我事实上没有它,因为我缺少必要的认识,但我可以拥有它,我可以形成一个概念 B 的图型,只是我没有这样做的手段。或者是由于这个概念的特殊性质。

（牛子牛 译　夏莹、吴子枫 校）

译名对照表[1]

重要术语

a posteriori：后天的（地）
a priori：先天的（地）
abstraction：抽象
accord：一致
acte：行动
action：行为（行动）
activité：能动性（主动性、活动）
affectivité：情感性
agréable：令人愉快的
aliénation：异化
altérité：他异性
âme：灵魂
analogue：类比（类似）
antinomie：二律背反

---

[1] 本对照表中原文非法文词语以斜体表示。——校者注

apparaître：显现（出现）
apparence：外表
apparition：显象
apport：份额
appréhender：把握
appréhension：把握
aptitude：禀赋
archétype：原型
Argument de conflict：冲突的论证
Argument de valeur：价值的论证
Argument par l'absurde：归谬的论证
assertorique：突然判断
attrait：诱惑
attribut：属性
auto-affection：自感
autonome：自律的（自主的）
autonomie：自律
beau：美的
Bien：善
bonheur：幸福
but final：终极目的
but：目的
calcul：计算（运算）
catégorie：范畴
causalité：因果性

cause：原因

certitude：确定性

clarté：明晰性

classique：经典的、古典(主义)的

coexistence：共存

coextensif：同外延的

Cogito：我思

communauté：共联性

communicabilité：可传达性

communicable：可传达的

complémentarité：互补性

compréhension esthétique(Zusammenfassung)：统摄

compréhension：统握

concret：具体

conjonctif：合取的

conjonction：合取

connaissance：认识(知识)

connaître：认识

conscience：意识

constitution：宪法(构造)

consubstantiel：同体的

contentement：满意

contingent：偶然的

correspondence：一致性

correspondre：与……相一致(对应)

cosmologique：宇宙论的
creation：创造
croyance：信仰
culture：文化
cyclique：循环的
déduction métaphysique：形而上学演绎
déduction：演绎
démarche：思考步骤
Démiurge：造物主
dépassement：超越
désaccord：不一致
désintéressé：无利害关系的
désirer：欲求（欲望）
dessein：计划
destination：使命
destinée：命运
déterminable：可规定的
détermination：规定性
déterminée：（被）规定的
dialectique：辩证论（辩证的、辩证法）
Dieu：上帝
difforme：变形的
discret：谨慎
discrétion：谨慎
disjonctif：析取的（选言的）

disjonction：析取

disposition：素质（安排）

distinction：区分

divers：杂多

diversité：杂多性

doctrine：学说

dogmatisme：独断论

domaine：领域

donné：被给予的（东西）

douleur：痛苦

dualité：二元性

dynamisme：动力论

ectype：摹本

effectuer：实行

effet：后果

élément：要素

éléments：基本概念

empirique：经验的（经验性的）

empirisme：经验论

en soi：自在、自身（本身）

ensemble：集合、整个

entendement：知性

entendement-archétype：原型知性

espace：空间

esprit：精神

esthétique：审美的（感性的、审美）

état civil：市民状态

état de nature：自然状态

éternité：永恒

être：存在、存在者

événement de l'esprit：精神事件

événement spirituel：心灵事件

existence：存有

expérience：经验

exposition métaphysique：形而上学阐明

exposition：阐明

expression：表达（表现）

extériorité：外在性

faculté de connaître：认识职能

faculté de désirer：欲求职能

faculté de sentir：感觉职能

faculté：职能（能力）

faux-problèmes：虚假难题

faveur：好意

figure：形象

fin dernière：最后目的

fin：目的

final：终极的（最终的）

finalité：合目的性

fini：有限的

finitude：限度
fond：底部（深处）
fondation：地基
fondement：基础
formation：形态（形成）
forme：形式
formel：形式的
formule：提法（公式）
genèse：起源（论）
goût：品味（鉴赏、鉴赏力）
harmonie préétablie：前定和谐
hypothétique：假设的
idéal：理想
idéalism subjectif：主观观念论（主观唯心主义）
Idée：理念
illusion：幻相
illusions internes：内在的幻相
image：形象（影像）
imagination：想象力
immédiateté：直接性
immensité：广袤
impureté：不纯粹
inaccessibilité：不可及
inclination：偏好
incommunicable：不可传达的

indéfinie：未定项（未定的）

indéterminé：未规定的

indifférent：无动于衷的（无足轻重的）

informe：无形的

instance：机关

instinct：本能

intellectuel：智性的

intelligence：智慧

intelligent：有智慧的

intelligible：理知的（可理解的）

intention：意图

intentionnel：有意图的

intéressé：有利害关系的

intérêt pratique：实践的旨趣

intérêt spéculatif：思辨的旨趣

intérêt：旨趣（利益、兴趣）

intervenir：参与（干预）

intuition：直观（直觉）

invention：发明

je：我

jouissance：享受

jugement déterminant：规定性判断（力）

jugement esthétique：审美判断

jugement réfléchissement：反思性判断（力）

jugement：判断（判断力）

juger：判断

légiférer：立法

législateur：立法的

législation：立法

les choses en soi：物自身

liberté：自由

libre：自由的

limitation：限定性、限制

limitative：限制性的

limite：界限、极限

loi morale：道德法则（道德律）

loi naturel：自然法

loi：法则、法、规律、律

matériel：质料的

matière première：原料

matière：质料

maxime：准则

maximum：最大值

médiation：中介

méta-esthétique：元—审美

métaphysique：形而上学的

méthode transcendantale：先验方法

mobile：动机

mode：模式（模型）

moi：我、自我

morale：道德的
moralité：道德性
Moyen Age：中世纪
moyens：手段
multiplicité：众多性
nature：性质（本性）
Nature：自然
nécessaire：必然的
nécessité：必然性
négatif：消极的（否定的）
négation：否定性（否定）
nominal：唯名论的
non-sens：无感、无意义
nouméne：本体
nouveauté：新颖性
objectif：客观的
objectivation：客体化（客观化）
objectivité：客体性（客观性）
objet：客体、对象
opacité：不透明性（晦涩）
opération：操作、活动
ordre：秩序、次序、顺序
orientation：定向
original：独创的（原初的、原创性的）
originalité：独创性

particulier：特殊的、特殊
pathologique：病态的（病理学的）
peine：不快
perception：知觉
permutation：排列
phénomène：现象
phénoménologie：现象学
plaisir：愉快（愉悦、快乐）
pluralité：复多性
positif：积极的（肯定的）
postulat：悬设
pré-destinée：预先注定
prédicat：谓词
présentation：呈现（展示）
présomption：预设
principe：原则、起源
problématique：悬拟的（成问题的）
productrice：生产性的
produire：生产（产生）
proportion：比例
proposition catégorique：定言命题
propriété：特性
psychologique：心理学的
puissance：权力、强力、力量
quantité extensive：广延的量

quantité intensive：强度的量

quid facti：有何事实

quid juris：有何权利

raison：理性（理由）

rationalisme dogmatique：独断的唯理论

rationalisme：唯理论

réaliser：实现

réalisme empirique：经验实在论

réalisme：实在论

realité：实在性

réceptive：接受的

réceptivité：接受性

réciprocité：相互性

reconnaître：承认、认出

réel：实在

Réforme：宗教改革

règle：规则

régulateur：调节性的（范导性的）

Renaissance：文艺复兴

représentation：表象

re-présentation：再—现

reproduction：再生产（再生）

reproductrice：再生产性的

reproduire：再生产（再生）

rôle：角色（作用）

romantique：浪漫（主义）的

romantisme：浪漫主义

rythme：节奏

rythmicité：节奏性

satisfaction：满足

schématiser：图型化

schématisme：图型法

sens commun：共通感

sens du beau：美感

sens：感觉（感官、意义）

sensation：感觉

sensibilité：感性

sensible：感性的（可感的）

sentiment de plaisir et de peine：愉快和不快的情感

sentiment：情感（感觉）

sentir：感觉

signification：涵义

simultanéité：同时性

singulier：独特的（单称的）

soumission：服从

sous-ensemble：子集

Souverain Bien：至善

spatio-temporel：时空的

spécifique：特别的

spéculatif：思辨的

spéculation:思辨
spiritisme:通灵论
spontanéité:自发性
stoïciens:斯多葛派
subjectif:主观的
subjectivité:主观性(主体性)
sublime:崇高
substance:实体
substantialité:实体性
substrat:基质
succession:相继
sujet empirique:经验的主体
sujet transcendantal:先验的主体
sujet:主体
supposition:假设
suprasensible:超感性的
symboliser:象征化
symbolisme:象征主义
synthèse:综合
systématique:系统的
table des catégories:范畴表
technicité:技术性
téléologie:目的论
temporalité:时间性
temps:时间

terrain：领地

théologie physique：自然神学

théologique：神学的

topologie：拓扑学

totalisation：总体化

totalité：总体（总体性、全体性）

tout：整体（全部、一切）

transcendance：超验性

transcendant：超验的

transcendantal：先验的

type：模型（类型）

unification：统一化

unité：统一性（统一）

universalité：普遍性

universel：普遍的、普遍

usage constitutif：构成性的运用

usage expérimental：经验的运用

usage illégitime：非法的运用

usage immanent：内在的运用

usage légitime：合法的运用

usage régulateur：调节性的运用

usage tanscendant：超验的运用

usage transcendantal：先验的运用

utilité：有用性（功利）

variété：多样性

vertu：德性

vicacité：鲜活性

vide：空的、虚空、空

volonté autonome：自律的意志

volonté：意志

人名

Agamemnon：阿伽门农

Aristote：亚里士多德

Borgès：博尔赫斯

César：恺撒

Cézanne：塞尚

Clytemnestre：克吕泰涅斯特拉

Comptesse：孔特斯

Descartes：笛卡尔

Dostoïevski：陀思妥耶夫斯基

Epicure：伊壁鸠鲁

Eschyle：埃斯库罗斯

Euclide：欧几里得

Freud：弗洛伊德

Gilles Châtelet：吉勒·沙特莱

Hamlet：哈姆莱特

Hölderlin：荷尔德林

Leibniz：莱布尼茨

Œdipe：俄狄浦斯

Oreste：俄瑞斯忒斯

Paul Dominique：保罗·德莫尼

Paul Klee：保罗·克莱

Plotin：普罗提诺

Richard Pinhas：理查·平阿斯

Rimbaud：兰波

Sophocle：索福克勒斯

Swedenborg：斯韦登伯格

Thomas de Quincey：托马·德·坎塞

Tirésias：忒瑞西阿斯

Vuillemin：维耶曼

Wutzbur：伍茨布尔

著作名

Antigone：《安提戈涅》

Critique de la raison pratique：《实践理性批判》

Critique de la raison pure：《纯粹理性批判》

Critique du jugement：《判断力批判》

Les derniers jours d'Emmanuel Kant：《伊曼努尔·康德最后的日子》

L'héritage kantien et la révolution copernicienne：《康德的遗产与哥白尼式的革命》

Oedipe：《俄狄浦斯王》

Opus postumum：(康德的)《遗稿》

Timée：《蒂迈欧篇》

译后记

德勒兹的《康德的批判哲学》，短短 100 页的篇幅，却精准地概括了康德三大批判的主旨。这在康德学术思想研究界实属罕见。这部被我和我的学生们戏称为"康德小红书"的著作，无论是对于康德哲学的研究抑或是对德勒兹思想的研究而言都具有无可替代的启示性意义。

中国著名的哲学家叶秀山先生早在 20 世纪 90 年代就以《说不尽的康德》为题撰文讨论这本小册子（叶秀山:《说不尽的康德》，《哲学研究》，1995 年第 9 期），每每谈起这本小册子，都赞不绝口。先生一生喜爱德勒兹思想，晚期德勒兹在《什么是哲学？》中有关"混沌"的思想对于叶先生哲学观产生了重要的影响。在叶先生的影响之下，在我开始转向德勒兹研究的时候，第一部进入我的研究视野的德勒兹著作就是这本"康德小红书"。

早在 2009—2010 年我在巴黎访学期间，在索邦大学门外的哲学书店，我买到了这本《康德的批判哲学》，当时在索邦大学哲学系所开设的"当代法国哲学"的课程中，正在用一个学期的时间讲授德勒兹的思想。而我对德勒兹思想的理论兴趣也正在这个时候被激发出来。为了深入德勒兹的思想，并兼顾学习法语，我将德勒兹的这本小册子逐字逐句的抄写了一遍。其语言之简练、文法之简单、思想之清晰,都让我叹为观止。早期德勒兹作为一个思想史的教员是合格的,他总是能够在准确地概括研究对象之思想的同时,让思想本身富有一种独特的创生性;换言之,任何一个思想家的思想在德勒兹这里总是鲜活的、富有生命力的,他则如同一个思想的助产士一般,协助、有时甚至逼迫尘封于故纸堆中的思想家重新生发出新的思想。

因此德勒兹的康德研究具有两方面的意义:一方面,他以"法权"思想为视角,仅仅抓住其职能(faculté)观念,将康德的三大批判整合入一个较为完整的理论体系之内,清楚地表明了三大批判之间的内在关联;另一方面,康德以"想象力"为轴心,凸显了康德思想较之古典哲学传统的特异性所在:康德坚持内在性原则,试图以驻足于现象的方式来解决"思"与"在"的统一性,也即认识问题如何可能的问题,他因此不仅是现象学的创始人,而且为德勒兹此后所试图构建的、我将之称之为的"思想创生进化论"提供了重要的理论资源。因此德勒兹对待康德的态度是暧昧的,一方面,他将其视为思想的敌人,因为康德是他所要批判的表象哲学的代表人物,另一方面,他又将其视为同盟军,因为在康德那里,有德勒兹可以利用的重要的理论资源。因此康德总是不断地出现在德勒兹思想的各个阶段,《尼采与哲学》《差异与重复》等多部著作中都涉及。然而其系统考察康德思想的著作则只有这一部:《康德的批判哲学》。因此,如果我们试图把握德勒兹对康德思想研究的基本路径,这本小册子是最好的路标。

一、作为论敌的康德

当德勒兹在歌颂尼采的时候,他曾一度将康德与其始终批判的黑格尔哲学放在一个阵营之中:认为他们都是表象(la représentation)思想的典型代表,而表象的前提正是思维与存在的同一,而非二元分裂。由此,康德与黑格尔必然成为德勒兹明确的思想敌人。对于德勒兹而言,黑格尔的辩证法是康德的批判哲学的直接后果:"经过著名的'批判性批判',从黑格尔到费尔巴哈,康德以后的批判究竟变成了什么模样?——它变成了一种技艺,被思维、自我意识和批评家自身用来适应事物和观念,或者被人们用来重拾一度丧失的决心:简而言之,它就是辩证法。"①所以,康德的批判哲学在这一时期意味着一种政治上的妥协:"在康德那里,批判未能发现使之得以实现的真正能动的例证。它在妥协中耗尽了精力:它从未令我们克服在人、自我意识、理性、道德和宗教那里表现出来的各种反动力。它甚至具有相反的效应——它使这些力变得更像'我们自己'的东西。"②显然,在这里,德勒兹将康德的批判哲学做了一种辩证法式的解读。将那些外在于我的世界,变成我们自己的东西,这在本质上意味着一种辩证法式的和解。在此康德的二律背反被德勒兹排除在讨论的视野之外,这是一种有意的疏漏。因为它的存在本来完全可以用来反驳德勒兹对于康德的这种敌对态度。这一点遗漏在德勒兹后来的著作,如《差异与重复》中得到了修正。那个时候的德勒兹已经可以心平气和地评价康德哲学对于他的哲学所有的重要

---

①德勒兹:《尼采与哲学》,周颖、刘玉宇译,北京:社会科学文献出版社,2001,第129页。

②德勒兹:《尼采与哲学》,周颖、刘玉宇译,北京:社会科学文献出版社,2001,第129-130页。

意义。

尽管在这一时期的康德是作为德勒兹的思想论敌进入他的视野，但德勒兹对于康德的理解和把握却仍然是十分准确。他在《尼采与哲学》中将康德的哲学比喻为治安法官式的哲学："我们所进行的批判只是一种'治安法官'式的批判。我们可以谴责觊觎王位的人，声讨越界者，然而我们却把界限本身视为神圣不可侵犯的。对于知识而言同样如此：名副其实的批判不应审视不可知的伪知识，而应首先审视可知的真正知识。"①这一判断是精准的。在康德的"纯粹理性批判"中充满着法律的用语，他的确是以一种近乎法官的思路在对理性进行审判。这一点显现出德勒兹的独特洞察力。只是对于这一时期的德勒兹而言，这种法官式的讨论带来的是政治上的妥协："全面批判就这样变成了妥协的政治学：战争还没有开始，势力范围就已经被瓜分得一干二净。以下三种理想被区分开来：我们能知道什么？我应该做什么？我可以期待什么？每一种理想各有限制，误用或越界是绝对不允许的。"②

德勒兹在这一时期似乎过于着急为康德贴上标签，并将其与自己从尼采那里继承的理论脉络对立起来。概而言之，这种对立，表现在以下两个方面：

首先，正如我们已经指出的那样，尼采与康德是激进哲学与

---

① 德勒兹：《尼采与哲学》，周颖、刘玉宇译，北京：社会科学文献出版社，2001，第 132 页。

② 德勒兹：《尼采与哲学》，周颖、刘玉宇译，北京：社会科学文献出版社，2001，第 131 页。

妥协政治之间的对立。其次,这种妥协政治的哲学根基在于康德的先验哲学,它在本质上与尼采所提出的系谱学构成对立。对德勒兹而言,如同法官一般的先验哲学最终给出的是"事物的绝对条件",而尼采的系谱学所着力要做的是给出事物的起源性与可塑性原则。① 其所指向的是一种差异和距离感,而非康德的普遍性原则以及功利主义的相似性原则。② 因此,系谱学首先否弃的是传统哲学中思维与存在的绝对同一性,在强调他们之间的差异性关系的同时进一步探寻某种不同于相似性(表象性)原则之外的形而上学是否可能的问题。德勒兹看重尼采的"价值"重估以及系谱学正是因为尼采的这样一种哲学本身必然引发对于"起源"问题的讨论。

严格说来,西方传统的形而上学长期以来都将目光过多地凝聚在了"起源为何物",而忽视"何为起源",没有这种起源的原发性讨论,自然也就失去了创生性的动力。它的绝对化发展开启于康德的规范性观念,终结于黑格尔的体系性建构。由此事物不仅是"我的事物",同时还是已经被规定了事物。这种僵死的逻辑体系的建构与现代的科学日趋处于共谋状态。要打破这一状态,需要新的哲学思维进路的介入。海德格尔的现象学是一种选择,其所敞开的,在我看来,是对这一起源问题的追问,即所谓对存在,而非存在者的重新探求。德勒兹是法国思想后海德格尔时代的

---

① 参见德勒兹:《尼采与哲学》,周颖、刘玉宇译,北京:社会科学文献出版社,2001,第 137 页。

② 参见德勒兹:《尼采与哲学》,周颖、刘玉宇译,北京:社会科学文献出版社,2001,第 3 页。

弄潮儿。他需要在这条道路上走得更远、更彻底。于是关于何为起源的问题,他所需要的不是一个确定的答案,如所有的起源究竟是源起于感性,抑或理性？他所探求的是作为起源之本性的生成性。起源意味着生成,因此在今天,我们需要某种着力于生成本身的哲学诉求。德勒兹的哲学的诞生正是呼应了这样一种诉求的结果。

但康德哲学与这一哲学诉求真的是完全相左的吗？1962年着力于研究尼采哲学的德勒兹对于这一问题的回答或许还是简单的肯定。但在随后一年,即1963年所开启的对康德哲学自身的系统研究中,对这一问题的回应却变得极为复杂了。

我们无法判定德勒兹选择康德作为一个思想敌手进行研究的初衷,但随着研究的展开,一个显而易见的事实却是德勒兹对待康德的看法发生了转变,由思想敌手转变为思想的同盟军,并在其系统展开的对三大批判的解读中构建了德勒兹自身独特的方法论:先验经验论。对于这一方法的讨论需要康德的先验方法的介入。

二、德勒兹眼中的批判哲学说了什么？

德勒兹用短短100页的篇幅讲述康德三大批判,这似乎是一个不可完成的任务,但德勒兹却做得极为出色。在我看来,其中的原因在于德勒兹的康德研究,从开始就包含着对一个问题的回答,这一问题在康德哲学的语境下大体可被表述如下:用以沟通纯粹理性批判与实践理性批判的目的论判断是如何成为可能的？对于德勒兹哲学而言,这一问题实质上被转变为:推动并保持着经验论倾向的内在动力机制是什么？正是借助于康德,德勒兹才得以清楚地说出究竟什么才是先验经验论。

德勒兹在《康德的批判哲学》的开篇处就点出了对于目的论问题的关注。"康德将哲学定义为'关于一切知识与人类理性的根本目的的关系的科学'。"①在此有两个关键词构成了整部解读的核心词汇,一个是"目的",另一个是"关系"。在我看来,这两个词构成了德勒兹的康德阐释的两个重要维度:目的,引导出了康德哲学的先验性;关系,则诠释了康德批判哲学的经验论倾向。两者相辅相成,走出了一条不同于经验论与唯理论的道路。

康德对于经验论与唯理论的两面作战是众所周知的。在德勒兹的思想语境中,经验论是没有"目的"的无限差异化。康德因此并不是一个纯粹的经验论,他认为知识、文化以及理性自身是有目的的。但这一目的却又并非唯理论者所主张的目的:对于唯理论者来说,"这个被理性理解为目的的东西仍然是某种外在的和更高的事物:大写的存在、善或价值,作为意志的规则被把握。"②这一目的为我们的知识与文化带来神学的论证。神的存在是所有知识与文化的根据,人于是臣服在神的规定之下。对于德勒兹而言,纯粹的经验论与唯理论之间的差别并不是那么大。纯粹的经验论在本质上也是需要目的的,自然或许可以成为它的一个目的,但不管怎样,经验论与唯理论在本质上都是在人的理性之外来设定目的。康德要走出的第三条道路:问题并不在于去追问目的究竟是自然的目的(如果经验论有目的的话),还是理性的目的,而是要追问目的究竟是外在的目的,还是理性自身的内在

---

① 参见本书第3页。
② 参见本书第6页。

目的？这是问题域转化的根本。无论是经验论还是唯理论,两者的目的都是外在的,而只有康德,他所主张的理性的目的"正是理性以其自身为目的"①。因此,康德所提出的批判是"一个内在的批判(Une Critique immanente)",理性的目的是理性给自身设定的目的,这种设定无须求助于外。

德勒兹一贯盛赞康德哲学的内在性原则,甚至在他将康德视为思想的死敌的时候,也是如此,他在《尼采与哲学》中指出:"康德在《纯粹理性批判》中所展示的天赋是设想出一种内在的批判。"②这种内在性,正如我们已经指出的那样,对于德勒兹的经验论路径极为重要。它是德勒兹的新尼采主义的思想拱顶石。德勒兹倡导的内在性原则同时为其带来的一个理论难题:在没有了外在的超验存在的境遇下,我们如何还能继续进行创造？换言之,如果没有了上帝,谁来创世？这一问题,对于康德哲学来说,似乎并不是一个很纠结的话题。因为对于康德来说,哲学的根本不在于无中生有,而是一种表象(représent)哲学,它所关注的是事物之间的关系的构造,而非创造新的事物。因此推崇"理性以其自身为目的"的内在性原则,即理性自身为自己立法,它不会为其理论带来矛盾,而只会强化理性自身综合能力的合法性,从而为表象哲学奠定了更为坚实的基础。

当我们将论题转向这一环节的时候,我们涉及了康德批判哲学中另一个重要的概念:关系。德勒兹准确地抓住了这一点,在

---

①参见本书第6页。
②德勒兹:《尼采与哲学》,周颖、刘玉宇译,北京:社会科学文献出版社,2001,第132-133页。

其对康德的解读中充斥着各种关系的讨论。认识与欲求所对应着的理论理性与实践理性的不同维度,如何能在没有上帝的预先规定当中获得认识与欲求的普遍性,这是康德的问题。为了回应这一问题,德勒兹凸显了康德思想中一个重要的概念——"职能"(faculté)①。职能作为一种功能,意味着某种效应(l'effet)。这种效应产生了"表象",即再现(la représentation)。康德的哲学是一种讨论表象、再现的哲学,因此他所关注的——按照德勒兹的阐释——并不是主观的认识、感受的能力,也不是客观事物本身(作为不可知的物自身),而是两者之间的关系是什么,它们之间如何作用,并产生怎样的效应。职能正是在这一意义上获得它的第一个定义,即"所有的表象都是在与他者的关系中,即主体与客体的关系中存在的"②。不同的关系,带来不同的职能,也意味着理性在不同势力范围内发挥着不同的效用;例如在认识领域中,存在着的是知性职能,它所表征的是表象与客体是否一致的关系;在欲望的领域中,存在着的是欲求的职能,它所表征的是表象与客体的因果关系;而痛苦与快乐的感受中,它所表征的是表象与主体的关系。由此形成了所谓纯粹理性批判、实践理性批判与判断力批判的视域。于是这一职能的区分,对于德勒兹来说本身就意味着一种理性的多元主义(这是德勒兹经验论的特性)。理性包

---

①Faculté,在法语中直译为功能。但鉴于康德以法律术语来讨论以知识学为内容的形而上学,并要求理论理性与实践理性在各自领域内各司其职,担当不同的职责,因此我采用了叶秀山先生在《说不尽的康德》(《哲学研究》,1995年第9期)中的翻译,将其翻译为职能,更能凸显其本质的内涵。

②参见本书第6页。

含着对自身的目的的设定,这种理性的目的意味着一种统一性和共同趋向,但就实现这一统一性的方式而言,康德为我们提供了三个不同的领域:认识、欲求与情感。在其三大批判的研究中,所做的工作最终都要落实到为认识、欲求抑或情感找寻其内在的统一性。这种统一性,在康德的三大批判中表现为在不同领域中所构筑的"共通感"。

共通感的概念在德勒兹的康德诠释中也发挥着举足轻重的作用。如果说每一种职能都意味着表象与他者的关系,那么共通感则是保障这些职能能够发挥作用的内在机制。其中的原因并不复杂。表象是一种他者的再现,但这种再现在何种意义上是合法的,并有效的?这一追问会将我们重新带回到传统哲学中思维与存在如何统一,何以统一的基本问题之上。正如我们已经指出的那样,作为一个试图恢复经验论的思想家,德勒兹取消了在思维与存在之间的天然的、预定的和谐。这是一种最为彻底的经验论态度。它意味着不承认任何超越于经验的给予物。经验作为外在于我们的存在,具有完全的自在性,我们的主观对它的认识必然包含着对它的理解,并以此超出其经验的给定性。这超出的部分如何能保证它与经验之间可以一致或者和谐?德勒兹的哲学正是以这种不和谐为起点的,而康德,在某种意义上也可以说是从这一点开始的。在康德之前,无论是经验论者还是唯理论者都不得不依赖于外在的,抑或神学的设定。即便对于休谟来说,他也仍需要预定和谐的存在。康德用自主理性的内在目的来取消外在的预定和谐。但这种自主理性的内在目的是如何运行的?康德在对这一问题的思考中提出了共通感的概念。

共通感实现了思维与存在、对经验的理解与经验,以及主观与客观之间的可传达性。德勒兹指出,在康德的理性的每一个领域当中,其实都同时包含三种不同的职能:想象力、知性和理性,它们在不同领域中共同发挥着作用,所区别的只是依从于不同职能的立法,例如,在认识当中,知性为立法者,而想象力则通过综合与图型化发挥作用,理性则通过推理发挥作用。其中,三种职能之所以能够相互协调一致,形成共同的认识,依靠的是逻辑的共通感。① 同样,在欲望领域中,"道德共通感是在理性本身进行立法的条件下知性与理性的一致"②。以上两种共通感虽然协调着不同职能之间的关系,但都不过是某种人为的"规定"性。换言之,都是理性在"法权"的意义上规定"事实"为何。只有到了判断力批判中的审美共通感,此前两种共通感的相关规定才获得了一种自由的保障:

"也许有人认为审美共通感是前两个共通感的**完成**:在逻辑共通感和道德共通感中,进行立法并决定其他职能功能的,或者是知性,或者是理性,而现在轮到想象力了。其实并非如此。感觉职能不为客体立法,所以**它身上**没有一种立法的职能(职能的第二种含义)。审美共通感并不表象诸职能的客观一致(即客体对某种占统治地位的职能的服从,那个占统治地位的职能同时又规定了其他职能对于客体的角色),而是表象了一种纯粹的主观和谐,其中想象力和知性自发地、各尽其职地发挥作用。由此,审美共通感不是完成了其他两种职能,它**为它们奠基基础或使它们成为可能**。如果不是所有的职能整体上首先就具有这种自由的

---

① 参见本书第 32 页。
② 参见本书第 52 页。

主观和谐,那么就不会有任何一种职能能够发挥立法的和规定的作用。"①

德勒兹的这段表述澄清这样一误解:三个领域中的共通感并非是平行关系,正如康德的三大批判之间的关系一样,审美共通感以其非规定性的自由一致性为前两个共通感奠定了基础,赋予它们以合法性,并为判断力提供构建反思性判断的理论可能性。判断力发挥着职能作用的地方也就是感性的职能被把握的地方。② 更进一步说,对应于感性的领域,是反思性判断发挥用武之地的地方。与规定性判断以普遍性原则规定特殊性相反,反思性判断则是从特殊性中生成普遍性。这种"生成"原本是思维超越经验给予的"跳跃",它是比既定存在多出的那一部分。但在康德这里,由于审美共通感的自由机制,这一"超越"不再是一个问题。对于这种自由机制的进一步推理,在康德那里是通过审美判断和目的论判断的区分来展开的。如果说审美判断"**是一种主观的、形式的、排除一切**(主观的或客观的)**目的的合目的性**。这种审美的合目的性是主观的,因为它存在于诸职能之间的自由的一致当中"③,那么目的论判断关涉的则是"**客观的、质料的、包含着诸多目的的合目的性**。占支配地位的是自然目的概念的存在,它根据事物的杂多性,以经验的方式表达了它们的终极统一性"④。前者为后者奠基,使得职能之间的自由一致与客观事物之间的多样性

---

① 参见本书第 71 页。
② 参见本书第 85 页。
③ 参见本书第 89 页。
④ 参见本书第 90 页。

的统一之间的对应关系虽然是偶然的,但却仍是合法的。为什么主观的目的论与自然目的论可以和谐一致？这是对于思维与存在之关系的另一种表达方式。基于内在目的性的观念,德勒兹在此强调了目的论,作为一种"审美表象"①的本质。在我看来,这种强调包含着一个关键的要素,即美学表象是对感性的、特殊性的反思。因此"判断力批判提供了一种关于合目的性的新理论"②,这就是无目的的合目的性。这一目的论,在康德那里,主要意指的是一种自然目的论,它排除了外在设定的目的的任何企图,同时又保障了主观与客观之间"偶然"一致性的必然性。因此,康德在此并不是引入了一个过时的目的论观念,而是重新提出了一种新的阐发主客统一性的研究路径。而这一路径不仅改变了传统目的论的内涵——即不再是外在设定的神学目的论,而且还表明了内在的主观与客观的非规定的自由一致性;更为关键的是它为重新界定传统哲学形而上学的根基提供了一个思路:在这一思路中,理性对于世界的规定性建基于感性、特殊性之上。

三、想象力的创生性

在此,我们需要注意的一点是,德勒兹在对目的论和表象说(关系)的讨论中的确尊重了康德的基本问题。例如对于一致性和共通感的探寻。这两个问题并不是德勒兹思想中的关键问题。但德勒兹却认认真真地讲述这段他个人并不太喜欢的故事,其中的原因值得我们深思。在我看来,这里的关键在于,德勒兹在这

---

① 参见本书第 90 页。
② 参见本书第 96 页。

段讨论中明显地发现了康德与自身思想的契合。如果说在这种契合中存在着切入点，那么这个切入点就是想象力的问题。

想象力，作为一种图型化的综合能力，对于康德哲学来说一直是非常重要的一个概念，如果说在《纯粹理性批判》当中，在知性发挥功能的时候，想象力的独特魅力已经初露端倪，那么在《判断力批判》中，想象力的分量则变得更重了。判断力使得自然概念向自由概念的过渡成为可能，而这种过渡也正是德勒兹在其生成哲学中有待解决的问题。德勒兹在这里终于找到了康德哲学与自身哲学的契合点。更进一步说，德勒兹还发现，他与康德不仅在问题意识上是一致的，关键在于两者用以解决这一问题的方式也具有一致性：如果说德勒兹用一种永远的差异化来实现一种自然向自由（精神）的过渡，那么康德则用想象力来完成了类似的工作。因此当我们意识到差异化实际上意味着主体性总是要比既予多一点，并由此产生一种创造，那么我们也会试图在想象力那里探寻一种非规定性，非同一性，因为其中必然蕴含着比既予多一点的东西，这一点正是创造得以可能的基础。

在德勒兹的康德解读中，我们也确实读到了这一点，例如在审美共通感的讨论中，想象力就已经成为这种独特的非规定性的自由一致性的保障："事实上，想象力不是进行图型化，而是做了其他事情：它在对对象形式的反思中表现了自己更为深刻的自由：'它以某种方式在对形象的沉思中发挥作用'，它变成了自发性的和生产性的想象力，它'成了可能直观的任意形式的原因'"（《判断力批判》，第16节）。在此，作为图型化的，形式反思的想象力的非规定性与生产性被明确指认出来。但这只是在形式化反思中的创造，更为重要的创造性释放在另一处指认中，即在审美判断中康德用以将自然与道德关联起来的重要桥梁——关于崇高的论述中,我们更能清楚地看到想象力究竟是如何实现这种自由的创造性:

"在崇高中,想象力开始了一种与形式反思完全不同的活动。崇高的情感在面对无形或者变形(广袤与威力)时被体验到的。所有一切都好像是想象力遭遇到它自身的界限,被迫达到它的最大值,遭受着一种将其带到自己能力极限的暴力。当想象力进行**把握**(对于各个部分前后相继的把握)时,它可能不会有界限。但当它到达后面部分而又必须把前面的部分再生产出来时,它的确达到了同时**统握**的最大值。面对体积的巨大,想象力体验到了对这种最大值的无能为力。'在努力扩展这最大值时就降回到自身。'初看起来,我们把这归因于自然的客体,也就是感性自然,这种广袤使得我们的想象力无能为力。但事实上,迫使我们去把感性世界的广袤统一为一个整体的,绝不是别的东西,而是**理性**。这个整体就是那个感性世界的理念,而感性世界有某种理知的或超感性的事物作为基质。由此,想象力明白了,正是理性将其推到了其能力的极限,迫使它去承认自己的全部力量相对于一个理念来说,都相当于零。"①

我们所邂逅的崇高由此呈现为在想象力与理性之间的一种主观关联。然而这种关联不是一致性,而是非一致性。在其中我们体验到了理性的要求与想象力能指之间存在的矛盾。这就是为什么想象力似乎失去了它的自由,崇高的情感不是愉悦,而是痛苦。但在不一致性的最后,一致性出现了;痛苦使得愉悦成为

---

① 参见本书第 72 – 73 页。

可能。当想象力超越所有其他的各个部分,达到它的极限的时候,它超越了自身的限度。这种方式是消极的:它所呈现出的是理性观念的不可接近,并通过这种不可接近,某种感性自然中的东西才得以呈现出来:"无疑,因为虽然想象力发现在感性世界之外它什么也无法抓住,但是,这种推开感性栅栏的行为给了它一种无限制的感觉;因为这种排除是无限的一种显现。因此,它从来只是消极地显现——但它仍然拓展心灵。"(《判断力批判》第29节,"总注释",274/127)这就是想象力与理性之间的和谐—非和谐。

由此可见,想象力—理性的一致性并不仅仅是被假定的:它是从非一致性中生发出来的。这就是为什么对应于崇高感的共通感不能与某种"文化"分割开来,就如它的创生运动。(《判断力批判》,第29节)正是在这个创生当中,我们把握了对于我们的命运所有关照的本质性思考。①

在此我被迫将这一部分所有的论述都引述下来,因为它太过完整,太过重要了。研读这一段我们已经听到了德勒兹自己的言说。崇高,被德勒兹视为是想象力遭遇极限后的一种体验。在此想象力似乎败下阵来,失去效用,变得羸弱。但在想象力无能为力的地方恰恰是自由的创生得以产生的地方。换言之,崇高意味着一种彻底的断裂(差异化),它不能被想象力图型化,从而构筑了一种彻底的不一致性。但这种不一致性,这种推至极限的感受,带来的却是对极限的超越。创生运动其实就在这种极限超越

---

① 参见本书第72－74页。

当中。想象力在这一意义上成为一种真正的自由创造性的契机。

于是当我们这样来看待想象力的问题,那么德勒兹在康德的批判哲学中对于共通感的讨论就会产生另外一种阐释方式,即正如我们已经指出的那样,德勒兹特别强调了审美共通感的重要性,它是前两个共通感得以成立的条件。因为它的一致性是一种非规定的、非一致性的共通感。它意味着自由。那么由此,当德勒兹认为康德的哲学本质上是最终以无目的的合目的性为其落脚点的时候,我们同样可以在其中看到这种目的论存在的内在张力。因为无目的的合目的性同样意味着"偶然"的一致性,而非必然的一致性;意味着特殊性,而非普遍性;意味着自由,而非必然。而所有这些特质与创生性的想象力都密不可分,同时也自然与生成性哲学本身密不可分。当德勒兹将问题落脚到这一点的时候,我们看到以康德哲学为母体,德勒兹哲学呱呱坠地的场景。

四、作为同盟军的康德

德勒兹在完成《康德的批判哲学》的时候,他对于康德态度发生了变化,从思想的论敌变成了思想的同盟军。在某种意义上说,康德的哲学为德勒兹展开其生成性的反表象哲学提供了重要的理论支点。

首先,德勒兹哲学反对表象哲学的根源在于他对于思维与存在之间关系的断裂性思考。换言之,我们所理解的与经验给予我们的,两者之间存在着非一致性的关系。表象哲学,就其作为一种再现而言,预先包含着对经验的理解与经验给予之间的一致性。在康德之前,这种一致性既是传统形而上学所关注的核心,同时又似乎是一个不言而喻的事实。由此导致了形而上学与神学之间的内在勾连，两者似乎是一回事。但从康德开始，这种不言自明的问题成了问题。

不言而喻，康德的三大批判都在围绕着一致性如何可能的问题展开，这包括：理论理性（认识论）内在的主观与客观事物自身之间的一致性，表象与客观抑或主观的一致性。但正如我们此前已经指出的那样，当康德试图完成理论理性与实践理性、知识与道德、必然与自由之间的勾连的时候，他在判断力批判的思考中出现的关于崇高、无目的的目的论以及想象力等问题的论述构成了这些勾连的内在基石。而这些基石本身却鲜明地彰显了一种非一致性。并且他们正是依赖于这种非一致性来诠释一种真正的自由与创生。我将其称为一种极限性思维。即将人的认识和想象力推至极限之后所逼迫出的自由和创生。后者被德勒兹越来越清晰地意识到。如果说在《康德的批判哲学》中，德勒兹还将自己对这一点的洞察与赞赏掩埋在对康德哲学的评述当中，那么到了《差异与重复》，对康德思想中所蕴含的这种极限性思维的赞赏就变得异常清晰而明确了：

"我们应当关注的不是在康德之前和康德之后发生了什么（它们本来是一回事），而是康德主义本身的一个确定环节，一个甚至没有被康德本人所继续的辉煌而又短暂的环节"，这个环节就是"当康德对理性神学提出质疑的时候，他同时将一种不平衡、一种裂缝或者龟裂，一种在权力上不可克服的正当的异化引入了我思的纯粹自我之中：主体表象自身的自发性的唯一方式便是将这种自发性表象为一个他异者的自发性，从而，最终，也就乞灵于一种排除了主体自身的一致性、排除了世界与上帝的一致性的神秘一致性。……在一个极为短暂的时刻中，我们进入了这种彰显着思想之最高强力并使存在直接向差异敞开,且全然无视概念的一切中介和一切和解的正当的精神分裂之中。"①

在此,康德,这位表象哲学家在一个短暂的时刻变身为一位如德勒兹一般的差异哲学家。差异化所要求的强力、极限以及对极限的超越所产生的"多出一点"的创造,似乎都已经存在于康德的那一个极为短暂的时刻。这究竟是怎样一个时刻?我认为这就是感受崇高的时刻,是想象力占据主导而又显乏力的时刻。

其次,德勒兹用康德思想中法权与事实的分析方式替换了柏格森的二元论模型,就此找到了自己诉说作为动态创生过程所必需的二元论模型。康德哲学在"事实"(quid facti)与法权(quid juris)之间进行了划界。② 在其关于知识学的讨论中,事物之事实为何,不是其关注的领域,这是一种形而上学的问题,相反,批判哲学所能关涉的只是法权的范围。因此康德所强调的一致性的论证永远只是在法权范围内的一致性,至于"事实"本身,即康德的所谓物自身,是不可知的。这种不可知,以另一种方式彰显了德勒兹所推崇的极限思想。因为极限的产生首先需要的是界限本身。当黑格尔突破了康德的界限,将所有一切纳入理性的历史性的过程当中,并将外在的对抗转变为内在的矛盾之时,黑格尔也取消了极限性的思维。极限性思维中对限度的跨越需要一种强力的阻碍,如同康德思想中存在着的这种法权与事实之间不可跨越的鸿沟,由此产生了一种暴力的反抗与突破,而富有差异化的

---

①Gilles Deleuze: *Différence et répétition*, PUF,1968,p. 82.
②参见康德:《纯粹理性批判》,《康德著作全集》(第 3 卷),李秋零主编,北京:中国人民大学出版社,2004,第 94 页。

思想创生却只能在这种暴力与反抗中诞生。

德勒兹在展开对康德思想的研究中特别强调了这一"事实"与"权利"的区分①,并在多处运用过这一区分模式。但在我看来,事实与法权之间的这种划分与崇高思想中所透露的非一致性对于德勒兹的意义似乎并不太相同。如果说崇高的非一致性是德勒兹讨论哲学创生机制的理论基础,那么事实与法权之间的区分为德勒兹提供的却是类似于柏格森思想中的潜能与现实之间的二元对立及其融合。这是另外一种描述创生的视角,它不是在暴力的对抗与突破中谈论创生得以发生的一瞬间,而是在生生不息中去思考这种创造性的无限潜能。

最后,德勒兹凸显了康德思想中先天综合判断中的"综合"观,并在康德想象力思想的协助之下,构筑了一个创生性哲学的展开方式。在其中,综合,成为创生性得以可能的理论机制,它成为连接早期德勒兹思想史研究与晚期德勒兹的思想创生进化论一个连接点。在此我们只能以极其简略的方式讨论一下由康德的综合观念所引发的晚期德勒兹——特别是《反—俄狄浦斯》时期——的一个基本走向。

德勒兹的"综合"观念,严格说来,有三个来源:康德、柏格森与胡塞尔。对于康德来说,新知识的产生总是要依赖于综合,因此无论是感性的时空形式,抑或知性的范畴观念都要依赖于某种综合的能力来完成。当然对于德勒兹而言,康德对其影响最为深远的仍然是其关于想象力之综合能力的论述。因为后者是在两种非同质性的领域之间的综合,它的综合本身意味着一种对自身

---

① 参见本书第 19 −20 页。

极限的触及和突破,这是德勒兹先验经验论思想的核心观念。新的观念的诞生依赖于对这种界限的不断僭越,如同德勒兹后期所推崇的精神分裂症患者所做的那样,界限的存在正是为了能够被移动和突破,而非为了固定。但康德的综合最大的问题在于它是一种蕴含着主体性在内的综合。它是自我统觉的产物。虽然我们对于自我不可知,但对于康德来说,这个自我必然是存在着的。而对于德勒兹而言,主体却绝非综合的前提性预设,它是综合的剩余,因此是站立在机器旁边的旁观者。这一综合在本质上是"被动综合"。

当我们将视域转向"被动综合"的时候,胡塞尔的相关思想也随之进入我们的视野。在我看来,与其说在康德与胡塞尔的综合观念之间存在着一种泾渭分明的区分,不如说两者之间其实是一脉相承。胡塞尔的被动综合完全可视为康德的主动综合的一种前提性批判。如果说康德的问题是如何能够产生新的知识,并由此将问题的答案诉诸人的主观能力,那么胡塞尔的问题则是产生新知识的这种主观能力究竟是如何能够产生效用的,并由此引发了对主观能力的前提的追寻,被动综合的观念由此而生。换言之,如果说康德关注的是人的主观视域如何与客观视域实现综合统一,那么胡塞尔所关注的则是为什么人的主观视域会投注于这样一个客观视域,而非另一个视域?例如我们看到了一棵树,主动的综合,试图关注的是我们如何保证我们对于树的认识(表象)能够成为一个确证无疑的知识,而被动综合则试图关注为什么我们会看到这样一棵树?我们究竟是如何看到这棵树的?在这里,被动综合拒斥任何试图预先给予根据的主观能动性,而是让现象进入真正的还原当中。显然,胡塞尔的被动综合成为了康德主动综合的进一步的推进。尽管这一推进近乎将胡塞尔带入到心理学当中,但其关于意识的被动性,却彰显了其与主观主义观念之间可能存在的裂痕。

这种被动综合构成了德勒兹"综合"观的又一个发展阶段。无论是其早期的哲学研究还是晚期的政治哲学研究都是如此。因为德勒兹的时代,已经是主体死亡的年代,被拉康发展了的精神分析在心理学中,依赖于主体发生学,在主体之上画上了斜线,主体的生成从其镜像阶段就注定成为悲剧性的虚像,并最终在象征界的符号化系统之下,让主体的真实本身沦为一种匮乏。近代哲学的主体性原则由此遭到了彻底的摒弃。尽管从黑格尔开始,对于主观主义的批判就从未停止,但黑格尔和谢林所开拓的客观性,却也只不过是将主观主义的原则外在化,并没有从根本上破除主体与客体的对立,以及其表象性关系。因此也就没有从根本上破除本质与现象之间的区分。而这种对立与区分,以及其内涵的表象化思维方式注定要让一切成为预成性的体系。它与德勒兹所强调的生成性原则之下的创造性截然对立。因此主体与反主体,两种倾向其实是一回事。因此,德勒兹以及其所继承的被动综合的观念虽然仍处于对主体的反叛中,但却绝不能在反——主体的维度上来加以理解。它是非主体性的。它就是一个没有主体相对立的存在的本真样态。换言之,当黑格尔谈论客体、对象的时候,这些客体与对象的存在之本真都不过是对主体的对象化过程的一种确证,主体可以在对象世界中确证其自身的存在。因此,这时的客体、对象不具有真正的客观性、独立性。它们只有在与主体相对立的情景下才有的客观性。而对于德勒兹而言,综合的被动性需要在一种完全无主体(而非反主体)的意义上来理解。

因此,当德勒兹开始着手用他所构筑的思想创生进化论来对抗资本主义的时候,"综合",或者更具体地说,这种"被动综合"就被视为一架全自动化机器的基本功能。在德勒兹的《反—俄狄浦斯》当中,不断提及的"机器"说正是德勒兹"综合"观念发展的一个新阶段。资本主义社会中所有生产的产品,包括主体本身都不过是这架机器的副产品。机器没有与之对立的存在物。而对于德勒兹而言,"欲望是机器"①"欲望是被动综合的集合"②。由此,我们看到了机器、被动综合与欲望之间可相类比的关联。欲望,在此,已经不再是人的本性的规定,它成为一种自为的力量,如同马克思眼中的"生产",横贯于历史、社会当中,它的运行机制是被动综合,它可表现为机器,它的完成,抑或它的彻底的实现就是在无器官身体、无定型的流(无器官身体)之上进行"链接"与"截断"。它们构成了欲望生产二元性,"欲望生产是二元的机器"③。链接,同时又意味着生产的生产;而截断,同时又意味着反—生产,由此,欲望生产是一个包含着生产与反—生产的双重过程,而无器官身体则作为非—生产的产物。它是欲望机器得以启动的原点(如同直觉与内在性平面作为概念起飞的起点一般),也似乎应该成为欲望机器最终完成的终点。欲望机器的运行,就

---

①参见 Gilles Deleuze, Félix Guattari: *l'Anti-œdipe, captialisme et schizophrénie 1*, les éditions de MINUIT, 1972, p. 34.

②同上注。

③Gilles Deleuze, Félix Guattari: *l'Anti-œdipe, captialisme et schizophrénie 1*, les éditions de MINUIT, 1972, p. 11.

如同在无器官身体之上构筑器官,让原本的平滑的身体出现组织化的倾向。德勒兹与加塔利将这一过程描述为在肉体里楔入钉子。

欲望机器以链接—截断的流的方式运行着,从与无器官身体(也是德勒兹在《什么是哲学?》中谈到的"混沌")的对抗中开始启动,首先形成斥力机器,又被称之为偏执狂的机器,无器官身体表现为斥力机器的对抗者,无器官身体要保持其无差别之流的样态,但机器却总是要进行链接—截断,它们要在无器官身体之上构筑器官。它所对应的是欲望生产中那能够构成生产过程,形成生产一般的链接综合(la synthèsis connective)亦或者说是生产的综合。它的基本原则是"……和……",将一个机器与另一个机器链接起来,正如德勒兹常常举出的例子:乳房是生产奶水的机器,嘴巴是截断这一生产的机器,由此乳房—嘴就是一架二元的器官—机器,它发挥着链接综合的作用,就是让奶水成为一个链接—截断之流。这个器官—机器是一架偏执狂机器,是一架欲望机器,但却不是无器官身体,它的运行对抗着无器官身体。

欲望机器如同欲望生产也是二元性的,链接综合所构筑的斥力机器仅仅是其一个方面,另一方面,它还同时是一架由析取综合(la synthèsis disjunctive)(又一种被动综合)构筑的引力机器(une machine d'attraction),它又被德勒兹与加塔利称为奇迹化的机器(une mahine miraculante)。这一机器的基本运行法则是"……或者……或者"。在这一法则作用之下,一种精神分裂式的存在样态即将开启。在奇迹化机器的作用之下,器官—机器:嘴巴,这个原本在偏执狂机器的原则下,作为截断奶水的器官,现在却在新的视角之下打碎了其固有的界限,嘴巴不仅是吃饭的机器,还是说话的机器,又是呼吸的机器,甚至在呕吐的时候还作为一种类—肛门的机器。任何一个器官都成为一种富有生产性的生成—器官。如同早期德勒兹对于卡夫卡的《变形记》的关注,其中的主人公就是一个生成—动物,一个保留了自我意识的虫子。这种"生成—"意味着任何一种被生成物都处于未完成的过程性当中。欲望生产的这类机器被称为奇迹化机器。它是无器官身体的一种方式。大概从这一意义上说,德勒兹与加塔利将其称为引力机器,它与无器官身体之间不是排斥的关系,而是相互吸引的关系。无器官身体,在我看来,就是二元的欲望机器运行的最终结果。它所彰显的存在样态就是精神分裂者的存在样态。在反—俄狄浦斯的语境之下,这一精神分裂者构成了对爸爸—妈妈—我的三角模型的质疑和调侃,它从根本上破坏了这一模式,并由此解构了俄狄浦斯情结:

"精神分析者会说,我们应该在薛伯的超绝上帝之下发现一个父亲的形象,并在其次级的上帝下面找到其长兄的形象。但对于一个精神分裂者来说,有时候他很没有耐心,他要求独自静一静。有时候他却参与这一游戏,他要求加入他被植入的那个模型当中,从内部爆裂出来。(是的,这是我妈妈,但我的妈妈,她是圣母玛利亚。)我们可以想象一下薛伯庭长对于弗洛伊德的回应:是的,是的,是的,说话的鸟儿是那些年轻的女孩,超绝的上帝,是爸爸,次级的上帝是我的兄弟。但渐渐的,薛伯庭长会让女孩们与说话的鸟儿们结合孕育,让超绝的上帝与父亲结合孕育,让次级上帝与兄弟结合孕育,所有这些神圣形象都变得复杂起来,抑或

'被简化',它们穿透了俄狄浦斯三角模型的诸多术语与功能。"①

以上两类机器,两种被动综合构筑了欲望机器的二元维度。但关于被动综合的讨论并没有结束,对于德勒兹与加塔利来说,还存在着第三种综合:合取综合(la synthèsis conjunctive),这一综合对应着一个被其称之为"单身汉机器"(une machine célibataire)的机器类型。为什么强调这一综合,构筑这一机器?在我看来,只有一个目的,德勒兹与加塔利要为机器时代的主体,找寻一个可能的位置。

这是一种特别的对"主体"的关注。无论是对早期处于思想史研究阶段的德勒兹而言,还是对于诸如晚期进入欲望生产的德勒兹与加塔利而言,主体,都似乎已不可能成为其思想讨论的核心所在。人的死亡是不言而喻的事实,因此社会现实中横贯着的是欲望,这一欲望,正如我们已经指出的那样,是非—主体性的欲望。它作为一种富有独立性的力量,如同生产一般左右着人的生活。因此,欲望机器所带来的两种综合是被动的,它们不是人的主观综合的产物。更进一步说,不仅主体没有左右欲望机器的综合,相反,欲望机器的综合却产生了主体本身,这一点表现出了被动综合的彻底性。

由此可见,综合在德勒兹后期思想中的应用仍然十分广泛。正因如此,康德的幽灵也不断地回荡在其思想的演进过程中。以至于时至1978年,德勒兹,当其完成了自身的哲学创造之后再一次登上讲坛讲授哲学史的时候,康德仍然是其热衷讨论的思想

---

① Gilles Deleuze, Félix Guattari: *l'Anti-œdipe,captialisme et schizophrénie 1*, les éditions de MINUIT, 1972, pp. 20 −21.

家。在1978年3月份连续四次的讲授当中,德勒兹以一种非系统的、问题式的方式讨论了康德。综合仍然是这一系列讲座中的一个关键词。在其中,它与时空形式关联起来,特别是作为内意识的时间性本身成为讨论康德想象力问题的核心要点。在这四个讲座中,德勒兹看似信马由缰地去讨论康德,但其实,德勒兹已经非常自觉地将其镶嵌入整个古典哲学传统当中,并将其与当代现象学衔接起来,指认康德作为现象学创造第一人,在关于认识何以可能的问题之上的独到见解,同时更为重要的是,通过对康德所主张的独特的时间观,即一种脱节的时间观念,一种首尾不可呼应的时间观,从而为一种富有现代的、偶然性的存在论奠基。这是德勒兹再一次"逼迫"康德进入到当代思想当中,让康德成为当代法国思想的同行者。

这种阐释的合法性并不能以其是否符合康德原意来判定。德勒兹秉承自己一贯的理论思路,从不放弃任何方式来阐发自身思想的主张,康德在这里已经变成德勒兹哲学构筑的源头活水。从晚期德勒兹的讲座来看,德勒兹更多地是从肯定的、赞赏的意义上来理解康德的。

本书的翻译经历了一个漫长的过程。从2010年以来,我就在断断续续地一边阅读,一边翻译,但并不以出版为目的翻译总是略显粗糙。2015年以后,清华大学人文学院哲学系宋珊珊博士开始着手和我一起重新翻译这本小红书。宋珊珊博士留学法国7年,法语娴熟,对于本书的第一稿的形成起到的巨大的推动作用。在全书成稿之后又做了诸多校对的工作。清华大学人文学院哲学系本科生夏元谨同学将该书的翻译稿分别与英文版、法语版进行了二次校对,同时将本书中所涉及的康德原文的翻译转换为李秋零版的中文译文。为本书的最终成稿做出了重要的贡献。

为了更为全面地展现德勒兹的康德研究,我在与陈越老师商量该书出版之际,决定将德勒兹晚期关于康德的四个讲座附上,以便以更为全面而系统的方式展现德勒兹对康德思想的基本看法和其研究脉络。该部分的翻译工作由清华大学人文学院哲学系牛子牛硕士翻译完成。由我进一步做了校对和统稿。关于某些概念的翻译,我们也进行过反复的商讨。

本书虽然并不厚重,但思想极富有穿透性,语言结构虽然并不复杂,但却旁征博引,不拘一格。特别是在其晚期讲座当中,文学、艺术以及整部哲学史的发展都成为其讲述康德的理论资源。其天马行空的讲述风格也的确为我们的翻译带来一些困难,如何将这些资源进行逻辑化的整合,让其更能恰当地还原讲座中的原初样态,并准确表达其可能试图表达的思想内涵,这是我们的翻译试图完成的理想状态。但是否做到了这一点,还需要时间的检验。

感谢陈越老师的支持,没有陈老师以及西北大学出版社任洁编辑高效的工作,这本书的翻译稿最终不过是被放置在电脑中的某个文件夹里,供我个人研究所用。现在能将我们对这部书的理解与读者共享,与他们的辛勤工作密不可分。特别感谢吴子枫老师应出版社之邀对本书译文做了全面细致的校对和润色,并提供了信息丰富、准确的大量校注,令译本更臻完善。

在翻译的过程中,我也曾有机会向非常喜爱此书的叶秀山先生请教,特别是其中康德思想的论述,叶先生每每给予我耐心的解答,并对我们的翻译给予了极大的支持、鼓励和期望。在他生命的最后一年里,他也曾不断地说,希望重新回到法国哲学的研究,在其生命的最后一天,在他的书桌上,他最后阅读的书目仍然是柏格森的著作。很遗憾,叶先生未能看到这本译著的出版。这也几乎成了我心里无法抹去的隐隐的痛。因此,在本书出版之际,仅以此书献给叶老师以及所有喜爱这本书的各位朋友,希望我们的翻译没有辜负老先生对我们曾有的殷切期望。

夏 莹
2017 年 3 月 2 日于清华园新斋

著作权合同登记号:陕版出图字 25-2017-0003

图书在版编目(CIP)数据

康德的批判哲学/(法)吉尔·德勒兹著;夏莹,牛子牛译.—西安:西北大学出版社,2018.12(2023.4 重印)
(精神译丛/徐晔,陈越主编)
ISBN 978-7-5604-4275-4

Ⅰ.①康… Ⅱ.①吉… ②夏… ③牛… Ⅲ.①康德(Kant,Immanuel 1724—1804)—哲学思想 Ⅳ.①B516.31

中国版本图书馆 CIP 数据核字(2018)第 261885 号

康德的批判哲学

[法]吉尔·德勒兹 著
夏莹 牛子牛 译　吴子枫 校

出版发行:	西北大学出版社
地　　址:	西安市太白北路 229 号
邮　　编:	710069
电　　话:	029-88302590
经　　销:	全国新华书店
印　　装:	陕西博文印务有限责任公司
开　　本:	889 毫米×1194 毫米　1/32
印　　张:	8.75
字　　数:	180 千
版　　次:	2018 年 12 月第 1 版　2023 年 4 月第 3 次印刷
书　　号:	ISBN 978-7-5604-4275-4
定　　价:	55.00 元

本版图书如有印装质量问题,请拨打电话 029-88302966 予以调换。

La philosophie critique de Kant
By Gilles Deleuze
Copyright © Presses Universitaires de France 1963.
Chinese simplified translation copyright © 2018
By Northwest University Press Co., Ltd.
ALL RIGHTS RESERVED

精神译丛（加*者为已出品种）

第一辑

*从莱布尼茨出发的逻辑学的形而上学始基	海德格尔
*德国观念论与当前哲学的困境	海德格尔
*正常与病态	康吉莱姆
*孟德斯鸠：政治与历史	阿尔都塞
*论再生产	阿尔都塞
*斯宾诺莎与政治	巴利巴尔
*词语的肉身：书写的政治	朗西埃
*歧义：政治与哲学	朗西埃
*例外状态	阿甘本
*来临中的共同体	阿甘本

第二辑

*海德格尔——贫困时代的思想家	洛维特
*政治与历史：从马基雅维利到马克思	阿尔都塞
怎么办？	阿尔都塞
*赠予死亡	德里达
*恶的透明性：关于诸多极端现象的随笔	鲍德里亚
*权利的时代	博比奥
*民主的未来	博比奥
帝国与民族：1985—2005年重要作品	查特吉
*政治社会的世系：后殖民民主研究	查特吉
*民族与美学	柄谷行人

第三辑

*哲学史：从托马斯·阿奎那到康德　　　　　　　　海德格尔
　布莱希特论集　　　　　　　　　　　　　　　　本雅明
*论拉辛　　　　　　　　　　　　　　　　　　　　巴尔特
　马基雅维利的孤独　　　　　　　　　　　　　　阿尔都塞
　写给非哲学家的哲学入门　　　　　　　　　　　阿尔都塞
*康德的批判哲学　　　　　　　　　　　　　　　　德勒兹
*无知的教师：智力解放五讲　　　　　　　　　　　朗西埃
*野蛮的反常：巴鲁赫·斯宾诺莎那里的权力与力量　奈格里
*狄俄尼索斯的劳动：对国家—形式的批判　　　　　哈特 奈格里
　免疫体：对生命的保护与否定　　　　　　　　　埃斯波西托

第四辑

*古代哲学的基本概念　　　　　　　　　　　　　　海德格尔
　黑格尔《精神现象学》的发生与结构（上卷）　　伊波利特
　卢梭三讲　　　　　　　　　　　　　　　　　　阿尔都塞
*野兽与主权者（第一卷）　　　　　　　　　　　　德里达
*野兽与主权者（第二卷）　　　　　　　　　　　　德里达
　黑格尔或斯宾诺莎　　　　　　　　　　　　　　马舍雷
　第三人称：生命政治与非人哲学　　　　　　　　埃斯波西托
　二：政治神学机制与思想的位置　　　　　　　　埃斯波西托
　领导权与社会主义战略：走向激进的民主政治　　拉克劳 穆夫
　德勒兹：哲学学徒期　　　　　　　　　　　　　哈特

第五辑

基督教的绝对性与宗教史	特洛尔奇
黑格尔《精神现象学》的发生与结构（下卷）	伊波利特
哲学与政治文集（第一卷）	阿尔都塞
疯癫，语言，文学	福柯
与斯宾诺莎同行：斯宾诺莎主义学说及其历史研究	马舍雷
事物的自然：斯宾诺莎《伦理学》第一部分导读	马舍雷
*感性生活：斯宾诺莎《伦理学》第三部分导读	马舍雷
拉帕里斯的真理：语言学、符号学与哲学	佩舍
速度与政治	维利里奥
《狱中札记》新选	葛兰西

第六辑

生命科学史中的意识形态与合理性	康吉莱姆
哲学与政治文集（第二卷）	阿尔都塞
心灵的现实性：斯宾诺莎《伦理学》第二部分导读	马舍雷
人的状况：斯宾诺莎《伦理学》第四部分导读	马舍雷
帕斯卡尔和波-罗亚尔	马兰
非哲学原理	拉吕埃勒
连线大脑里的黑格尔	齐泽克
性与失败的绝对	齐泽克
探究（一）	柄谷行人
探究（二）	柄谷行人